4Sプラス1S
~職場改善・リスク発見力アップの実践書~

中央労働災害防止協会

はじめに

　４Ｓ（整理・整頓・清掃・清潔）が不十分だと、物を探すのに時間がかかって作業手順を省略したり、放置された物につまずいたりするなど、ケガにつながるリスクがあちこちに存在することになります。４Ｓの推進は安全を確保する上でたいへん重要なのです。

　これは、製造・工事現場に限らず、オフィスや飲食業・小売業といったサービス業などにおいても同様です。

　４Ｓは、「安全」「品質」「効率」など仕事のあらゆる面の基本である、と言われるように、４Ｓが浸透すると、安全で仕事がしやすく、効率が上がり、おかしな状態が生じればすぐに気づくことができて品質不良も減るといったさまざまなメリットがあります。また、職場などチームで４Ｓ活動を進めることで、職場の状況が良くなるだけでなく、チームワークづくりや、決められたことを守り、自ら考え実行できる人づくりにもつながります。

　本書は、４Ｓを進めるための具体的な手法について、業種や場所別に、イラストなどをふんだんに盛り込んで、分かりやすくまとめたものです。これらのノウハウは、職場改善力やリスクの発見力を向上させるために役立ちます。

　また、企業によっては５番目の「Ｓ」として、「しつけ」「習慣」「シンプル」「親切」「すぐに」…などさまざまなアイデアを盛り込んで実施しているところもあります。本書では、５番目の「Ｓ」を１つに特定せず、活動を定着させ、より良い活動とするためのものと広くとらえて、いくつかの「プラス１ｓ」の例について、それを進める工夫やポイントを都度紹介しています。

　本書で４Ｓの具体的手法を学んでいただき、「きれいな職場は、安全で働きやすい職場」の実現に向けて活用していただければ幸いです。

平成28年2月

中央労働災害防止協会

🧩 も く じ 🧩

I 「4Sプラス1s」とは

- ❶ 「4S」と「プラス1s」 7
- ❷ 活動の効果 8
- ❸ 活動の進め方・レベルアップ 9

II 職場の4Sの具体例

- ❶ 基本事項（共通） 11
  - (1) 服装 11
  - (2) ごみ・ほこり・くず 12
  - (3) 通路 13
  - (4) 出入り口 14
  - (5) 階段 15
  - (6) 窓際 17
  - (7) 荷の運搬 18
  - (8) 手工具 19
  - (9) 照明 21
  - (10) 標識、表示、掲示 22
  - (11) 防災設備、防災備品 23
  - (12) その他（駐車場、駐輪場、植え込みなど） 24
  - 【参考】 4Sの基本事項のチェックリスト（例） 25
- ❷ オフィス 26
  - (1) 机の周辺、引き出し 26
  - (2) 書類 27
  - (3) 雑誌、新聞、書籍等 29
  - (4) ロッカー、更衣室 31
  - (5) 給湯室、炊事場 32
  - (6) 床、窓、壁 34
  - 【参考】 オフィスの4Sチェックリスト（例） 37

❸ 店舗　〜バックヤード、倉庫など　……… 38
　⑴ バックヤード ……………………………… 38
　⑵ 棚の上、棚の中 …………………………… 40
　⑶ 衣料倉庫 …………………………………… 41
　⑷ 冷凍、冷蔵倉庫 …………………………… 42
　⑸ レジ、サービスカウンター ……………… 43
　⑹ 調理器具 …………………………………… 44
　⑺ イベント品、サービス品、試供品等 …… 45
　　【参考】　店舗の４Ｓチェックリスト（例）……… 47

❹ 倉庫　……………………………………… 48
　⑴ 物の置き方 ………………………………… 48
　⑵ 通路、出入り口 …………………………… 51
　⑶ 脚立、移動式階段、はしご（昇降器具）… 52
　⑷ 台車（ハンドトラック） ………………… 53
　⑸ ロールボックスパレット ………………… 56
　⑹ パレット …………………………………… 60
　　【参考】　倉庫の４Ｓチェックリスト（例）……… 61

❺ 製造現場　………………………………… 62
　⑴ 作業現場の身の回り　〜作業床、原材料、半製品 … 62
　⑵ 機械設備とその周辺　〜刃物、駆動部、設備 …… 67
　⑶ 電気設備とその周辺　〜電気設備、コード類 …… 70
　⑷ 危険物　〜ガスボンベ、有機溶剤などの薬品、粉じん … 72
　⑸ 物の置き方 ………………………………… 74
　⑹ 保護具 ……………………………………… 75
　⑺ 汚れを持ち込まない ……………………… 76
　　【参考】　製造現場の４Ｓチェックリスト（例）… 77

プラス1s
　節減　12／　　親切　22／　　セキュリティ　28／　　信頼　43／
　しつけ　46／　仕組み　49／　ショート　50／　スモール　55／
　先取り　62／　習慣　66

Ⅰ 「4Sプラス1s」とは

① 「4S」と「プラス1s」

● 4S活動は、以下の項目を全員で徹底していく活動です。

整理	必要な物と不要な物を区分して、不要な物を処分すること
整頓	出し入れしやすいように置き場・置き方を決めて、必要なときに、必要な量を、安全に取り出せるようにすること
清掃	掃除をして、ゴミ、汚れなどがない状態にすること
清潔	整理・整頓・清掃を徹底して、衛生的で快適な状態を維持すること。また、服装や身の回りをきれいな状態にしておくこと

● 5番目の「S」 ～プラス1s

　4Sに「しつけ」「習慣」などもう一つの「S」を加え、5S活動を展開している企業は少なくありません。この他、「シンプル」「親切」「すぐに」などさまざまなものを「S」として設定している企業もあります。

　ここで大事なのは、「S」の数をただ増やせば良いということではありません。整理・整頓ができなければ4Sが成り立たないのと同様、言葉だけ「S」を加えても、「絵に描いた餅」になってしまいます。加えた「S」の意義や具体的な実践方法を全員に理解してもらう必要があるのです。

　本書では、5番目の「S」を1つに特定せず、活動の定着や、より良い活動にするためのものととらえて、「プラス1s」のいくつかの例を都度紹介します。

2 活動の効果

4Sが進むと安全、品質、効率などさまざまな面で良い効果が出ます。

4Sが進まないと起こる悪い例
- 物につまずいて転ぶ
- ほこりを吸って肺や気管支を痛める
- 機械設備などを誤って操作する
- 物を探すのに時間がかかる
- 材料や資材をムダにする
- 異物混入や材料間違いで不良品が出る
- 社外の人が見て信用をなくす

4Sが進むと起こる良い例
- 通路や仕事スペースが確保でき、安全に通行や仕事ができる
- ほこりや不快臭がなくなる
- 使いたい物がすぐに取り出せて仕事がはかどる
- 仕事がしやすくなって間違いが減り、仕事や製造物の品質が上がる
- ルールを守る職場になる

安全性、効率、品質、作業環境、意識の改善・向上

3 活動の進め方・レベルアップ

●活動の進め方

　活動を進めていくには、まずはルールを5W1H（なぜ、いつ、どこで、誰が、何を、どのように）で明確にし、それを推進する目標と計画を立てて周知して実行し、評価・改善していくことが大切です。

(1) ルール化

　例えば、次の例のように、4Sの各項目について、実施のタイミング、実施内容、あるべき姿などをルール化します。

整理	物の使途の明確化、要・不要の基準、処分方法など
整頓	置き場所、置き方、表示方法（色、表示形態（ラベル、立て札等々））、使用中の表示方法など
清掃	清掃対象、清掃の時機、清掃方法（水ぶき、掃除機等々）
清潔	服装の基準、整理・整頓・清掃による維持基準

(2) 推進計画の作成

　事業場全体での推進計画や、必要に応じて、事業場推進計画に基づく職場の推進計画を策定します。「上半期は要・不要物の仕分けを80％実施」「第4四半期は○○倉庫の4Sを進める」など、テーマや重点を掲げ、無理のない計画により段階的に進めていきます。

(3) 目的やルール、計画を徹底する（周知・教育）

　「4S活動でみんなの安全を守り仕事をやりやすくする」といった目的や、(1)で決めたルール、(2)で定めた計画（実施項目、重点、スケジュールなど）について、管理監督者や各職場の推進者が、メンバーに周知・教育を行ったり、日常的に指導して、徹底を図ります。

(4) 評価・改善

　チェックリストなどを活用して、管理監督者や推進者が、パトロールの際や日常的に実施状況を確認します。問題があった場合は職場のみんなで原因を掘り下げて改善します。なお、管理監督者や推進者は職場のメンバーと一緒になって考えたり、改善後の状態などを確認してフォローする姿勢が大切です。

　なお、４Ｓをテーマに職場相互パトロールを行うと、他職場の良い点を吸収したり、刺激しあったりすることにつながり、活動が盛り上がります。

　期の終わりには計画の推進状況の評価・改善を行って、次期の計画策定に生かします。

● **活動のレベルアップ**

　４Ｓ活動のはじめの段階は、整理・整頓を進めて整然とした状態を保つ「片付け」（第１ステップ）が主体ですが、活動が進んでいくと、「もっと仕事がしやすいように工夫改善しよう」（第２ステップ）という気持ちになっていきます。

　最終的には、一人一人が４Ｓを当たり前のように実践し、みんなの意識が変わって安全行動（第３ステップ）が定着します。

Ⅱ 職場の4Sの具体例

Ⅱ 職場の4Sの具体例

1 基本事項（共通）

(1) 服装

　服装や身なり（身だしなみ）を見ると、その職場の４Ｓの状況が分かります。正しい服装で作業することは４Ｓの基本であり、また災害から身を守るために大切です。まず服装を正すことから４Ｓに取り組みましょう。

(2) ごみ・ほこり・くず

　作業場で、ごみ・ほこり・くず等がたまっているところがよく見られます。これらは製品や商品、機械設備に入り込むと品質不良や故障を招きます。また、吸い込んで健康に悪い影響を及ぼしたり、床や通路にたい積し、すべって転んだりするリスクもあります。さらに、可燃性の粉じんのたい積は、爆発・火災の原因にもなります。

▲書棚上部などはほこりが積もりやすい

▲加熱・摩擦部分にほこりがたまると火災の原因になる

```
●ごみ・ほこり・くずをなくすためのポイント

① 徹底的に掃除をする
　・棚の上や設備の裏も忘れずに
　・清掃は上から下へ、裏から表へ
② 外部から持ち込まない
　・服や体に付着しているごみやほこりを持ち込ませない
　・搬入する物に付着しているごみ・ほこりを除去する
③ 発生源を探して、対策する
　・機械・装置・器具の摩擦や破損による発生
　・紙類などのほこりの蓄積、飛散など
　・使用しない包装類、段ボールなど
```

ごみ・ほこり・くずを　1）除く⇒　2）持ち込まず⇒　3）発生させず、できれいな職場を形成しましょう。

同じ取引先から物を購入（納入）する場合は"通い箱"などを使用し、清潔に管理すれば、廃却する梱包材（段ボールなど）の削減だけではなく、ごみ、ほこり等の持込み防止につながり、経費削減や環境対策に貢献します。

(3) 通路

通路の4Sは、緊急避難時の通路確保や転倒の予防のためにたいへん重要です。また、作業エリアと歩行エリア等の区分けを決めておくと、労働災害の防止につながります。

▲避難通路に物を置くと、特に緊急時は逃げ遅れの原因になる

▲床面の段差は、人だけでなく台車なども引っかかりやすく、荷の落下や転倒につながる

【参考1】 通路幅は労働安全衛生規則や建築基準法などの法令で決められています。
・機械間の（通路）幅　80cm以上
・オフィスの通路幅　120cm以上（片側居室）、160cm以上（両側居室）

労働安全衛生規則（抜粋）
（通路）
第540条　事業者は、作業場に通ずる場所及び作業場内には、労働者が使用するための安全な通路を設け、かつ、これを常時有効に保持しなければならない。
2　前項の通路で主要なものには、これを保持するため、通路であることを示す表示をしなければならない。
（通路の照明）
第541条　事業者は、通路には、正常の通行を妨げない程度に、採光又は照明の方法を講じなければならない。ただし、坑道、常時通行の用に供しない地下室等で通行する労働者に、適当な照明具を所持させるときは、この限りでない。
（屋内に設ける通路）
第542条　事業者は、屋内に設ける通路については、次に定めるところによらなければならない。
一　用途に応じた幅を有すること。
二　通路面は、つまずき、すべり、踏抜等の危険のない状態に保持すること。
三　通路面から高さ1.8メートル以内に障害物を置かないこと。
（機械間等の通路）
第543条　事業者は、機械間又はこれと他の設備との間に設ける通路については、幅80センチメートル以上のものとしなければならない。

（4）出入り口

　出入り口も４Ｓの不備があると緊急時の避難の妨げや転倒の原因になります。扉を常に開閉できる状態を保ち、段差をなくすなど適切に管理することが大切です。

出入り口がふさがっている悪い例

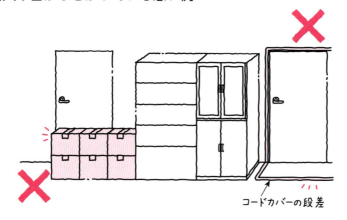

◀扉の前に荷を置くと、緊急時の脱出路がふさがってしまう

◀出入り口の床面に段差があると転倒の原因になる

出入り口の工夫の例

▲扉の開閉の妨げにならないように表示

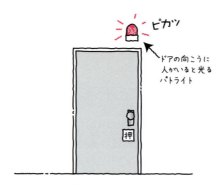

▲扉の向こう側に人がいるとパトライトが光って、扉を開ける際の注意を促す例

(5) 階段

　階段からの転落災害は、業種を問わず、多くの職場で発生しています。階段上や踊り場に物が置かれて通りづらくなっていたり、明るさが不足して足元が見づらかったりすると、災害につながります。まずは、階段付近の4Sを徹底して、転落のリスクを減らすことが大切です。

荷を持って降りる
階段が荷物置き場

よく見られる転落の原因
- 急いで（駆け足で）昇降した
- スリッパやサンダル、ハイヒール等で昇降した
- 携帯電話、スマートフォンなどを操作しながら昇降した
- 両手に荷物を持って昇降した
- 手すりにつかまらなかった（手すりがなかった）
- 階段上や踊り場に物が置かれていた
- 階段が濡れていた（すべりやすくなっていた）
- 階段が暗く、足元が見えなかった※

手すりを持ちましょう

◀人が通ると、センサーで感知し、注意喚起する放送が流れる例

※適切な照度について：JISの推奨値は150ルクスとなっています。

【参考2】 手すりは、身長差に配慮し、2段に分けて設置する例も増えています。

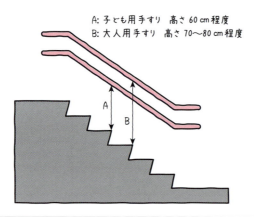

【参考3】 建築基準法施行令（抜粋）
（階段及びその踊場の幅並びに階段のけあげ及び踏面の寸法）
第23条 階段及びその踊場の幅並びに階段のけあげ及び踏面の寸法は、次の表によらなければならない。ただし、屋外階段の幅は、第120条又は第121条の規定による直通階段にあつては90センチメートル以上、その他のものにあつては60センチメートル以上、住宅の階段（共同住宅の共用の階段を除く。）のけあげは23センチメートル以下、踏面は15センチメートル以上とすることができる。

階段の種別		階段及びその踊場の幅（単位 センチメートル）	けあげの寸法（単位 センチメートル）	踏面の寸法（単位 センチメートル）
(二)	物品販売業（物品加工修理業を含む。第130条の5の3を除き、以下同じ。）を営む店舗で床面積の合計が1,500平方メートルを超えるもの、劇場、映画館、演芸場、観覧場、公会堂若しくは集会場における客用のもの	140以上	18以下	26以上
(三)	直上階の居室の床面積の合計が200平方メートルをこえる地上階又は居室の床面積の合計が100平方メートルをこえる地階若しくは地下工作物内におけるもの	120以上	20以下	24以上
(四)	(一)から(三)までに掲げる階段以外のもの	75以上	22以下	21以上

3　階段及びその踊場に手すり及び階段の昇降を安全に行うための設備でその高さが50センチメートル以下のもの（以下この項において「手すり等」という。）が設けられた場合における第1項の階段及びその踊場の幅は、手すり等の幅が10センチメートルを限度として、ないものとみなして算定する。

（6）窓際

　窓際は見逃されがちな場所ですが、窓からの転落や物の落下、日の差込みによるグレア、結露で濡れた床面ですべるといったリスクがあります。また、時には太陽光が収れんして発火するといったことも生じます。

　窓際も対象に入れて、4Sを推進しましょう。

◀開閉できる窓のすぐそばには物を置かない

▶結露対策をしていないと、床面が濡れることもあり、転倒の原因となる

(7) 荷の運搬

　荷物の取扱いや運搬作業では、荷崩れや転倒、人・物にぶつかるといった災害が非常に多く発生しています。要因は大きく、①通路の４Ｓの不備と、②不適切な運搬方法、の２つがあります。

　通路上の安全を図った上で（「(3) 安全な通路の確保」を参照）、荷崩れや転倒等を防止するために、適切な積み方や運搬用具の選択をすることが大切です。

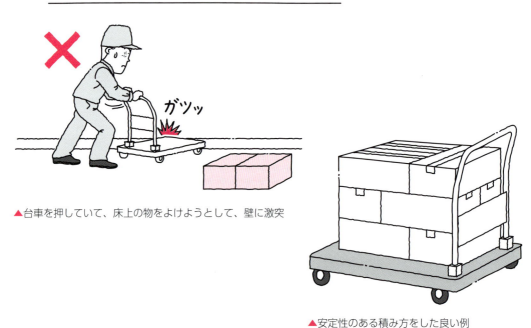

▲台車を押していて、床上の物をよけようとして、壁に激突

▲安定性のある積み方をした良い例

●荷物の積み方のポイント
・重い物、大きい物を下に、軽い物、小さい物を上に積み、不安定にならないようにする ・高さの制限をする ・長めの物は井桁状に積んだり、丸い物には荷崩れ防止の歯止めをしたりするなど形状に応じた安全な積み方をする ・小物は、箱や容器に入れて運搬する

●運搬用具の管理のポイント
・用途に応じ、使用する運搬用具を決めておく（台車、パレット、ロールボックスパレットなど） ・定期的に点検し、不具合があった場合は修理するか交換する

(8) 手工具

　手工具は、製造工場や整備工場などに限らず、さまざまな場所で使用されています。その種類は多く、使用用途によって使い分ける必要があります。しかし、取り出しづらかったり、元の場所に戻されていなかったりすると、用途の違う手工具で代用したり、不適当なやり方で作業したりしかねません。また保管状態が悪いと作業中に工具が損傷し、災害につながることがあります。いつでも安全に使用できるように点検し、適切に管理することが大切です。

●誤った使用の例

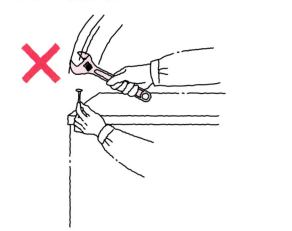
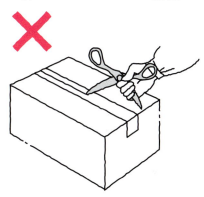

▲工具や道具の代用、間違った使用方法はケガにつながりやすい

●手工具の使用のポイント

・必要な種類の手工具を準備する
・複数の従業員が同時に使用する場合は、必要な個数を準備する
・手工具の適切な使用方法の教育をする
・使用方法の手順書を作成し、すぐに見られる場所に置く
・手順書には安全のポイントや禁止事項等を明確に記載する

●点検のポイント

・手工具ごとに点検方法が決まっていること
・点検者や頻度が決まっていること
・管理者が定期的に点検結果を確認していること

●点検不足による危険の例

ハンマー、タガネ、ポンチ等の打撃工具	ひびが入ると、打撃を加えた際に欠けて非常に強い勢いで飛び、人などに突き刺さる
カッター、はさみ等の刃物工具	切れ味が低下すると、作業性が悪くなり、無理に力を加えたり、刃がこぼれやすくなる
ドライバー等	先端が磨耗すると、ねじ穴に合わなくなったり、ボルトからはずれやすくなる

●使用環境のポイント

・作業に取りかかる前に、付近の４Ｓの状況を確認する（特に足場を確保する）
・油等を使う場合は、床や手工具に付着するおそれがあるのでウエスを準備する
・高所で使用する場合は、手工具に落下防止ホルダーなどを取り付ける

●保管のポイント

・所定の保管場所を明確にする
・先端の鋭利な物は、鋭利な部分を下向きにしたり、覆いをしたりするなどして保管する
・保管管理者を決めておく

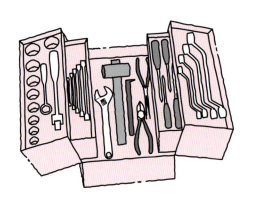

▲工具のしまい場所が決まっている工具箱
（工具の形にかたどられた型にはめる）

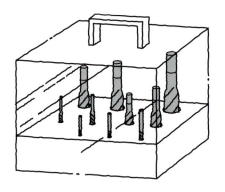

▲刃などとがった物は、先端を下にして保管できるようにし、かつカバーをすると安全

(9) 照明

　明るさが適切な職場は、目の疲労が少なく、快適に仕事ができ、災害の防止や能率の向上につながります。しかし、照明器具が汚れていたり、積まれた物に遮られて暗がりがあったりすると、目の疲労や足元が見づらいことによる転倒災害などにつながります。
　照明や採光により、必要な明るさを確保しましょう。

●照度の基準いろいろ

JIS Z9110	事務所の照度基準 机上の推奨照度は 750 ルクス
労働安全衛生規則 第604条	・精密な作業 … 300 ルクス以上 ・普通の作業 … 150 ルクス以上 ・粗な作業 … 70 ルクス以上
VDT作業における 労働衛生管理のための ガイドライン	・室内はできるだけ明暗の対照が著しくなく、かつ、まぶしさを生じさせないようにすること ・ディスプレイ画面上の照度は 500 ルクス以下 ・書類上およびキーボード上の照度は 300 ルクス以上 ・また、ディスプレイ画面の明るさ、書類およびキーボード面における明るさと周辺の明るさの差はなるべく小さくすること

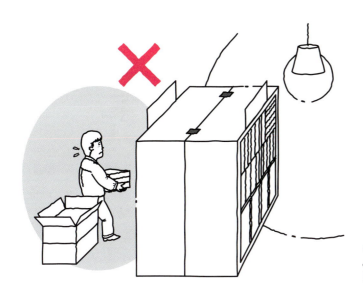

◀照明や設備の位置関係により、明るさにむらが出てしまうことがある

❶ 基本事項（共通）

Ⅱ　職場の4Sの具体例

(10) 標識、表示、掲示

標識や表示は、注意事項や社内ルール、作業の重要なポイントなどを、目で見てすぐ分かるように示すことで、ミスの防止やルールの遵守につなげるものです。また、災害事例、ヒヤリハット事例といった掲示物は、情報提供や安全衛生意識の啓発などを目的にしています。これらが汚れたり、他の物に隠れて見づらくなっていたり、内容が期限切れだったり、そもそも分かりづらかったりすると、効果が上がらないばかりか、かえってルールが守られなくなり、職場の安全風土が低下します。

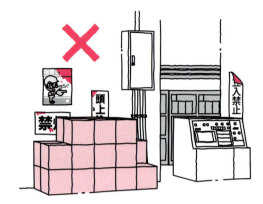

●標識、表示、掲示のポイント
・管理責任者を決めて管理する（させる） ・見る側の立場に立って、記号・絵・文字の大きさ・色、設置・掲示場所を考える ・パトロールで状態を確認する

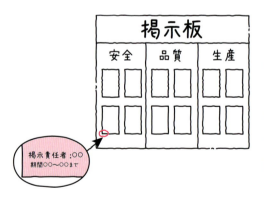

▲用途ごとに掲示エリアを分け、掲示物の責任者や掲示期間などを明記する。貼りっぱなしなどを防げる

▲表示を見る人のことを考えていない例。子どもの目線に表示されず、しかも漢字を読めない人のことが考えられていない

標識・表示類の内容は誰でも分かりやすく、目につきやすい場所に設置することが大切です。まさに、見る人の立場に立って考えるという「親切さ」が問われます。物を置くときも「次の人が取り出しやすいように」という意識を持ちましょう。

（11）防災設備、防災備品

　非常口、避難用設備、消火設備、消火器、火災報知器等の防災設備や懐中電灯、毛布、マスク、水等の防災備品は、緊急時にすぐに使えるよう、日頃から４Ｓや点検・整備をしっかりしておくことが大切です。

▲防災備品は天災時などに被害を受けにくい場所に保存する

こんなことはあり（想定され）ませんか

　大きい地震が発生し、防災備品（毛布、水など）を取りに行こうとしたが…
　防災備品はすべて地下２階に保管。取りに行きたくても停電でエレベータは動かず、階段も真っ暗……　これではせっかくの防災備品が役に立ちませんね。

●防災設備のポイント	●防災備品のポイント
・避難口、非常口、避難通路等には物を置かない ・避難口、非常口、避難通路等はすべりやすかったり、凹凸や段差がない状態にする ・消火器や消火設備はいつでも使える場所、状態に設置（特に表示を分かりやすく）しておく ・扉式のドアには「押す」「引く」などの表示をする ・避難マップや緊急備品マップ等を作成し、掲示等により従業員へ周知する	・マスク、水など使用・消費期限がある物は定期的に入れ替える ・緊急時に取り出しやすい場所へ保管する ・責任者を決めて、定期的に保管状況を確認する

▶備品ごとに分別し、中身や数、使用年限などが分かるように表示して保管する

(12) その他（駐車場、駐輪場、植え込みなど）

　駐車場や自転車・バイクなどの駐輪場は、従業員やときにはお客様も利用する共用場所です。釘やガラスの破片等の鋭利な物、石ころなどが落ちているとパンクや跳ね飛ばし等の原因になります。また、駐車場等では、整然とした置き方をしないと、他の利用者が迷惑したり、無理に駐輪しようとして転倒したり、自転車が倒れたりします。

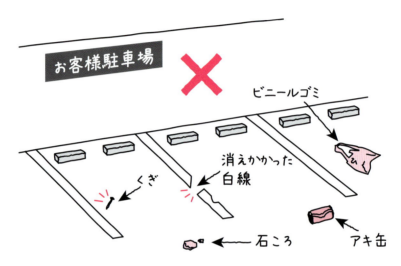

▲安全上の問題があるばかりか、お客様も利用する場合は、信用の問題にもなる

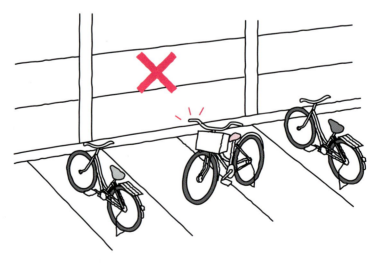

▲自分勝手な置き方は、他の人の利用の妨げになる

【参考】4Sの基本事項のチェックリスト（例）

カテゴリー	チェック項目	確認方法	評価	備考欄
服装	・良い服装の例（ルール）はありますか	ルール		
	・定期的に服装のチェックをしていますか	聞取り		
ごみ・ほこり・くず	・日常的に掃除をする仕組みはありますか	ルール		
	・職場などの入出時のルールはありますか	ルール		
	・ごみ、ほこり等の発生原因を追究し、対応していますか	記録		
通路	・通路の識別（ライン等）が決められていますか	現場		
	・作業エリアと歩行エリア等を区分していますか	現場		
	・定期的に巡視等により通路の状況を確認していますか	記録		
出入り口	・出入り口を荷物でふさいでいませんか（扉が開閉できますか）	現場		
	・出入り口に段差はありませんか	現場		
	・定期的に出入り口の確認（開閉できるかなど）をしていますか	聞取り		
階段	・階段上や踊り場に物が置かれていませんか	現場		
	・階段の上下の床面、段鼻にはすべり止めを設置してますか	現場		
	・油や水、砂、ほこりなどを除去していますか	聞取り		
	・定期的に4S状況をチェックしてますか	聞取り		
	・適切な明るさ（照度150ルクス以上）はありますか	現場		
	・手すりは設置されていますか	現場		
	・従業員へ階段昇降時の安全教育を実施していますか	記録		
窓際	・日常的に窓の掃除をしていますか	聞取り		
	・窓に転落防止の手すりはありますか	現場		
	・窓際に物を置いていませんか	現場		
	・日の差込防止（ブラインド、カーテン等）はされていますか	現場		
	・結露対策はできていますか	現場		
照明	・場所ごとに適した照度になっていますか	現場		
	・明るいところと暗いところの明るさの差は小さくなっていますか	現場		
標識・表示・掲示	・標識・表示・掲示のルールがありますか	ルール		
	・管理責任者が決められていますか	ルール		
	・見る側の立場を考えた内容・場所に設置・掲示をしていますか	現場		
	・定期的に清掃することが決められていますか	ルール		
	・巡視等で確認していますか	記録		
防災設備・防災備品	・非常口、避難口、避難通路等の安全は確保されていますか	現場		
	・消火設備、消火器等の前に物は置かれていませんか	現場		
	・緊急時の対応を従業員へ周知していますか	記録		
	・防災備品の使用期限や有効性は定期的に確認していますか	記録		
	・防災備品は緊急時に取り出せる状態で管理（保管）されていますか	現場		
	・防災備品の管理責任者を決めていますか	ルール		
	・定期的に防災設備や防災備品を巡視等で確認していますか	記録		

評価方法：○…できている（ある）、×…できていない（ない）

コメント・所見：

※61頁の「チェックリストのポイント」も参照のこと

❶ 基本事項（共通）

② オフィス

　オフィスは製造現場に比べて大きなケガが少ないため、「安全衛生とは無縁」と思われがちですが、乱雑な机上・棚の中、床の配線や凹凸といった４Ｓの不備が思わぬ災害を引き起こすことがあります。加えて、業務効率の低下や、備品・事務用品のムダが生じることもあります。

　また、更衣室やロッカー、給湯室などは、清掃されず不衛生な状態であることも少なくありません。日ごろからクリーンオフィス、クリアデスクを心がけ、安全・安心な環境で仕事をしましょう。

(1) 机の周辺、引き出し

　一人一人の４Ｓへの意識や対応は、机とその周辺を見れば分かります。机上や引き出しの中が乱雑になっていると、物を探したり必要な書類を置けないなど業務効率が低下します。また、注意も散漫になってミスを誘発するなど、仕事の精度が落ちます。

　「身の回りの４Ｓができない人は職場の４Ｓも進めることはできない」という意識を持って、まずは身の回りの４Ｓを進めることが大切です。

▲デスクワークでは机の上が汚いと注意散漫になり、ミスにもつながる

●机とその周辺の４Ｓのポイント
・クリアデスクをルールの基本として徹底する
・個人持ちの事務用品を限定する（最低限にする）
・毎朝など、机周辺の整理、整頓の時間を設ける
・机の下には物は置かない（椅子の収納や避難ができるようにする）

Ⅱ　職場の4Sの具体例

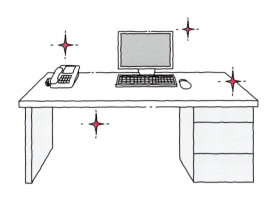

▲クリアデスク、クリアスクリーンは、ミスの防止、業務効率、情報セキュリティ上重要

▲必要な文具以外は引き出しに入れないようにした例

（2）書類

　オフィスには、報告、依頼、稟議、見積り、企画等のためのさまざまな書類があります。これらの書類は日々生じているため、すぐ所定のファイルに綴じることなどを習慣化することが大切です。また、出張明けなどで書類が山積みとなっている場合は、片付けをまず優先することが、その後の業務の効率化やミス防止につながります。

　なお、個人持ちの書類を減らす、電子化する、などにより共有化、ペーパーレス化を図りましょう。

▲書類の整理を後回しにしたりすると、探すのに時間がかかったり、紛失したりして、業務効率悪化の悪循環を生む

悪い書類管理の例

- ×　なんでも印刷、コピーする
  （メール、回覧物等）
- ×　両面印刷、裏紙使用を好まない
- ×　同じ書類を複数の人が持っている
- ×　電子化したものと紙の両方で保有する
  （緊急時に必要なものは除く）
- ×　使用しなくなった書類を捨てない

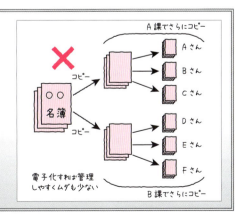

●書類の整理・整頓のポイント
・印刷ではなく、電子化（PDF等）して管理する ・両面印刷等により紙を削減する（環境にも良い） ・必要な書類、不要な書類を分ける（不要な書類は廃棄する） ・未処理、処理済みなど書類を識別する ・共有棚等を設置し、書類の共有化を図る ・定期的に時間を決めて、書類の整理・整頓を実施する

◀置き場所のあるべき姿の写真や担当者の顔写真の表示も有効

ワンポイント　書類の識別　～進捗を分かりやすく

色別のクリアファイルを使うと、書類の識別（進捗管理）がしやすくなります。

（例）・赤色　→　未処理
　　　・青色　→　処理済み
　　　・透明　→　保管を必要とする
　　　・黄色　→　廃棄する

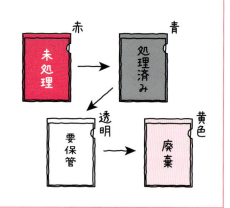

　赤色のクリアファイルの書類は処理後、青色のクリアファイルに入れ替え、一定期間保管した後に不要になると黄色のクリアファイルに入れ、定期的に廃棄します。クリアファイルの色を見れば書類の進捗状態が一目で分かります。

オフィスでは顧客や個人などに関する機密情報を多く抱えていることがあります。必要な情報は正しく管理し、不要となった情報はシュレッダーにかけたり、焼却処分するなど正しい廃棄をして、セキュリティを確保することが大切です。クリアデスクはセキュリティの基本です。

(3) 雑誌、新聞、書籍等

　オフィスには定期購読の雑誌や新聞、書籍がたくさんあります。これらは知識、技術、事例などの情報収集に役立ちますが、整理、整頓を進めないと、量が増えて乱雑になりかねません。雑誌や新聞は特に必要な情報で残す必要のある物以外は、原則一定期間後廃棄します。また、書籍は比較的長い間使用できるものですが、整理のタイミングを決めて、古くなった情報の書籍や使い終わった物は廃棄しましょう。

　雑誌、新聞などは最新の物を見やすい場所に置き、書籍などは見たい時に探しやすいように整頓しておくことが大切です。

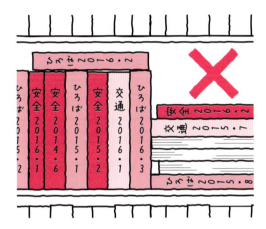

▲種類や発刊日などをばらばらにして保存してしまうと、見たいときに、すぐに取り出せなくなる

●雑誌、新聞の整理・整頓のポイント
・ルールを決める（何カ月分、何日分を保有するかなど） ・担当者、責任者を決めて管理する ・置き場所を決める（必要数しか置かない、直近の物は近くに置くなど）

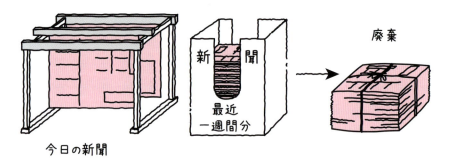

▲新聞の保管を「当日」「1週間分」としてそれ以外は廃棄する例

雑誌、新聞の整理・整頓の例

　関心の高い頁や役に立つ記事だけをファイリングしておくのも、一つの効率的な保管方法です。この場合、見たい物がすぐに見つかるように、目次や見出しを付けておきましょう。

　また、電子媒体の新聞、雑誌などの活用も保管に役立ちます。

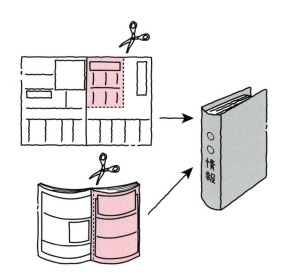

●書籍の整理・整頓のポイント

- カテゴリーやジャンル別に整頓する
- 使い終わった書籍や古い情報の書籍は処分する
- 書籍、本棚の担当者や責任者を決めて管理する
- 利用、貸し出し、片付けなどのルールを決める

（4）ロッカー、更衣室

　ロッカー、更衣室は私有物や着替え、ときには昼食などの食品も保管します。しかし、共有エリアということから所管があいまいとなって、清掃されなかったり、ロッカーの上に不要な物が置かれたままになったりするなど、乱雑で不衛生な状態になりがちな場所でもあります。共有エリアであるからこそ、使用者が意識して４Ｓを進めて、清潔な状態を保つことが大切です。

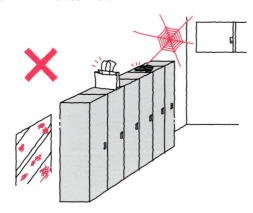

▲共用エリアのため、４Ｓがあいまいになると、ロッカーの上に所有者不明の物が置かれたり、清掃が行き届かず、汚れたりする

▲使用されていないロッカーは、物置となりがち

●ロッカー、更衣室の整理・整頓のポイント

・ロッカー、更衣室の利用のルールを決める
・清掃のルールを決める（利用者で輪番制など）
・未使用のロッカーは施錠して使用禁止にする

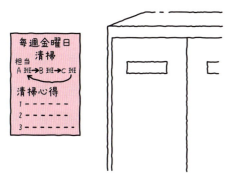

▲清掃日を決めて当番制にした例

◀使用していないロッカーは「使用禁止」表示をして施錠しておくと良い

(5) 給湯室、炊事場

　給湯室、炊事場は、ビル管理会社などに清掃を委託しているケースが多いと思いますが、飲料や食料品の保管、取扱いがあることから、常に清潔に保たれなければならないため、使用者が日常的に４Ｓを進めることが大切です。また、ガスや電気、熱湯を扱うので、ガス漏れ、感電（漏電）、火傷、火災等の安全上の管理もしっかりと対応する必要があります。

　しかし、ロッカー・更衣室と同様、共有エリアであることから、管理があいまいとなり、不衛生になったり、危険な状態に気づかないことがあります。使用者自身が意識して４Ｓを進めて、清潔な状態を保ち、安全に使用することが大切です。

不衛生になりやすい場所

- 流し台周り、三角コーナー　→　ごみ、残飯、食品のカスなど
- 電子レンジの中、周辺　→　残飯、食品のカスなど
- ポットの中　→　カルキの汚れ
- 換気扇の汚れ　→　油による汚れ、ごみ、ほこり

考えられる労働災害

- 熱湯で火傷
- 電子レンジ、電気ポットなどの電源で感電（漏電）
- 給湯器のガス漏れで中毒、爆発など
- 濡れた床面ですべって転倒

◀熱湯が跳ねる危険がある。
また、温度調節のできる水道栓は、温度を低くしても、少しの間は直前の使用者の設定温度（例えば熱湯）で出てくるので危険

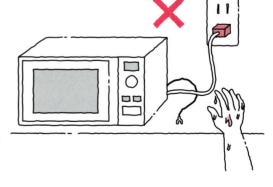

▶洗い物の後など、濡れた手でついコンセントに触れてしまうことがある

●給湯室、炊事場の管理のポイント

・利用時のルールを決める
・清掃のルールを決める（利用者で輪番制など）
・管理者を決め、定期的に確認する（パトロール等）
・電気機器は取扱いの注意などを表示する

▲給湯室利用のルールを決めた例

ワンポイント　冷蔵庫

　冷蔵庫は誰でも利用できることから、気がつくと所有者が分からない物が置かれていたり、飲みかけの飲料が長い間放置されていたり、ときには食べ物が腐っていることもあります。

　冷蔵庫の利用は、「物を入れた日」「名前」（記入や個人タグのぶら下げ）を明確にしましょう。また、長期連休前に冷蔵庫内を空にするなどの「一斉整理日」を決めておくことも大切です。

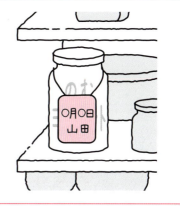

> **ワンポイント　食器棚**
>
> 　食器棚には個人の使用物や来客用の食器などが保管されています。個人用の置き場とお客様用の置き場は分けて保管し、個人用の物には誰の物か分かるように名前の記入や置き場を決めておくなどの対応が必要です。
> 　また、食器棚の中はほこりなどが溜まりやすいことから、清掃を定期的に実施し、常に清潔な状態にしておくことも衛生上大切なことです。
>
>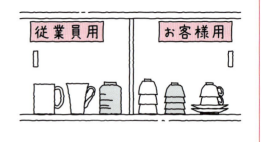

(6) 床、窓、壁

　床面や壁面付近の荷や配線、砂ぼこりなどによる転倒、窓付近の４Ｓの不備による、人の墜落・物の落下、陽の差し込みでパソコン画面に生じるグレア、温度上昇など、床・窓・壁の４Ｓに不備があるとさまざまなリスクが生じます。また、オフィスの景観を良好に保つためにも床、窓、壁の４Ｓは重要です。

悪い例　～床
- ごみが落ちていても誰も気にしない
- すべりやすい（水・油による汚れ、ごみ、ほこりなど）
- 段差やカーペットのほつれ、はがれなどがある
- 配線が通路に出ている

●床の４Ｓのポイント

・オフィス内で清掃のルールや分担を決める
・配線は床の下や机の下等に引き回し、通路には出さない
・コードレス機器や無線ＬＡＮを活用する
・すべりやすい場所にはマット等を置く

悪い例　～窓

・開閉式の窓に手すり等墜落防止策がない
・陽が差し込み、パソコンにグレア※が発生
・窓の周辺に物が置かれていて、窓が開かない（換気できない、三角のシールが貼られた非常用進入口の窓をふさいでいる）
・窓ガラスが汚れている
・窓際に物が置かれている（物の落下）

※グレア：視野内に高輝度の物が見えることによって起こる、不快感や見にくさ。パソコンのモニターに映り込む日差しや蛍光灯の光など。

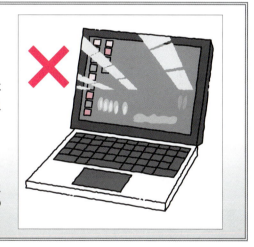

●窓の４Ｓのポイント

・開閉式の窓の場合、墜落、落下防止策を施す（手すり・幅木の設置や開閉幅の制限等）
・カーテン、ブラインド等の設置
・窓の周辺に物を置かない
・定期的に清掃する（ルールをつくる）

▼窓に手すりと幅木を設け、かつ、周辺に物を置かないようにルール化した例

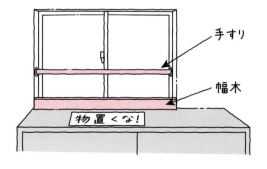

悪い例　〜壁

- 色々な掲示物やポスターが貼りっぱなしになっている
- 汚れている
- 壁がはがれている
- いたるところに画鋲(がびょう)やテープの切れ端がついている
→これらの点はオフィスの景観や、ルールを守るという職場の雰囲気を損ねる

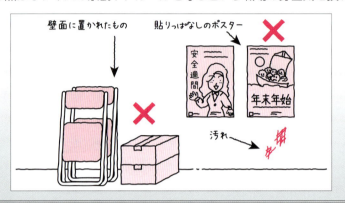

●壁の４Ｓのポイント

・ポスター・掲示物等は貼り出す場所を決める（ルール化）
・定期的にパトロール等でチェックする

ワンポイント　掲示板

　ポスターや掲示物は、壁にスペースがあって、かつ、一定のルールや取り決めがないと、勝手に貼られてしまいます。
　また、はずす（はがす）ことを忘れ、いつまでも古い物が掲示されていることもあります。掲示板や掲示物についてはルールを決めて、掲示物やポスターには「掲示期間」「掲示責任者（又は責任部署）」を記載して管理することが大切です。

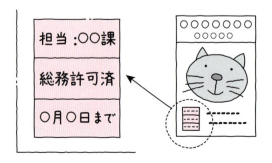

【参考】オフィスの４Ｓチェックリスト（例）

カテゴリー	チェック項目	確認方法	評価	備考欄
机の周辺 引き出し	・個人持ちの事務用品は極力少なくなるよう整理、整頓していますか	聞取り		
	・毎日机周辺を整理、整頓する習慣がありますか	聞取り		
	・定期的にパトロール等の際に指導していますか	記録		
書類	・個人持ちの書類はできるだけ共有化して書類を減らしていますか	ルール		
	・印刷する際は、両面印刷を基本にしていますか	聞取り		
	・書類は色別のファイルの活用など、種類や状態が分かりやすくなっていますか	現場		
	・できる限り書類の電子化を進めていますか	現場		
雑誌、新聞、書籍等	・雑誌、新聞が乱雑に置かれていませんか	現場		
	・担当者、責任者が決められていますか	ルール		
	・定期的な廃棄や整頓などの管理ルールがありますか	ルール		
ロッカー・更衣室	・更衣室を清掃するルールはありますか	ルール		
	・未使用のロッカーは物置になっていませんか	現場		
	・管理者を決めて、更衣室の清潔な状態を点検していますか	記録		
給湯室 炊事場	・流し台、三角コーナー、電子レンジの中などに残飯や食品のカスはありませんか	現場		
	・換気扇は汚れていませんか	現場		
	・利用時のルールや注意事項などがありますか	ルール		
	・清掃のルールはありますか	ルール		
	・管理者を決めて、点検していますか	記録		
床、窓、壁	・床にゴミや配線などはありませんか	現場		
	・窓はいつでも開閉できるようになっていますか	聞取り		
	・窓に人や物の墜落、落下防止策を施していますか	現場		
	・日差しなどの差込み、パソコンへの映りこみはありませんか	現場		
	・壁に不要なものは貼られていませんか	現場		
	・床・窓・壁を清掃するルールはありますか	ルール		

評価方法：○…できている（ある）、×…できていない（ない）

コメント・所見：

※61頁の「チェックリストのポイント」も参照のこと

3 店舗　～バックヤード、倉庫など

　スーパーなどの小売業では、お客様の安全やサービス向上についてはしっかりと取り組まれていますが、従業員の安全にまではなかなか手が行き届いていない状態が見受けられます。お客様に十分な安全・サービスを提供するためにも、まず職場環境を安全にすることが大切です。

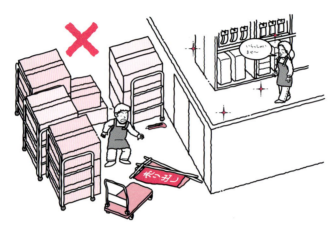

(1) バックヤード

　バックヤードは商品の納入や（一時）保管、備品の保管などに使用されます。商品の形状や数量などにより納品の形態もさまざまで、特に、売り出しの時期は在庫が大量になるため、スペースが不足して乱雑になりがちです。

　このため、狭いスペースでの作業や、奥の商品を取り出すといった対応が必要となり、荷崩れ、商品等へのぶつけ、台車等での転倒などのリスクが生じやすくなります。

　事前に納品される量を把握し、置き場を確保しましょう。また、納品量が大きく増えた場合の一時置き場などを決めておくことも大切です。

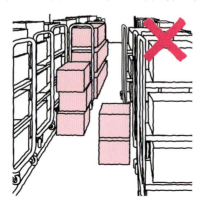

◀通路まではみ出して置かれた商品。つまずきのリスクが生じたり作業効率が悪くなる

Ⅱ 職場の4Sの具体例

●バックヤードのポイント

・物の置き方や置く場所を決める
・当日の納品量を見通し、置き場を確保する
・運搬通路を確保する（通路上は物を置かない）
・扉付近に物を置かない
・床や通路の凹凸をなくし、適度な照度（照明）を確保する
・コンテナボックスやロールボックスパレット、台車などの置き場を決めておき、使い終わったら必ず置き場に戻す
・空き段ボール箱は、すぐにたたんでロールボックスパレットなどにまとめておく
・開梱用のカッターナイフなどを床に放置して作業しない

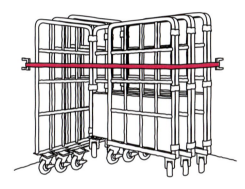

▲使い終わったロールボックスパレットは折りたたんで転倒防止を施す
※ロールボックスパレット、台車等の使用方法は「5　倉庫」も参照のこと

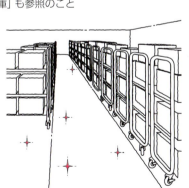

◀通路を広めに確保したバックヤードの例

ワンポイント　3定管理

定位置…決められた場所に
定品…決められた物（品物）が
定量…決められた量（数）だけ　　置かれているという管理方法です。

(2) 棚の上、棚の中

　バックヤード、倉庫、サービスカウンターなどには、商品だけでなく、包装材や展示用什器（じゅうき）といった備品も保管するため、スチール棚などが設置されていることが少なくありません。しかし、重い物が上に置かれたり、乱雑に置かれているなど、荷崩れや落下につながる危険な状態がよく見られます。安全かつ効率的な収納を実践しましょう。

> **●棚の上、棚の中の整理・整頓のポイント**
>
> ・重い物は下に置く
> ・棚からはみ出る物は置かない、又は落下防止をする
> ・出入り口等の上に、棚を設けて物を置いたりしない（扉の開閉による振動で、通行時に物の落下の危険がある）
> ・棚への幅木の設置や引き出し式にするなど、落下防止を徹底する
> ・すぐに並べる商品やすぐに使用する備品は取り出しやすい場所に置く。季節物などあまり使用しない物は奥へ収納する
> ・段ボールで梱包している場合は必ず中身が分かるように表示しておく

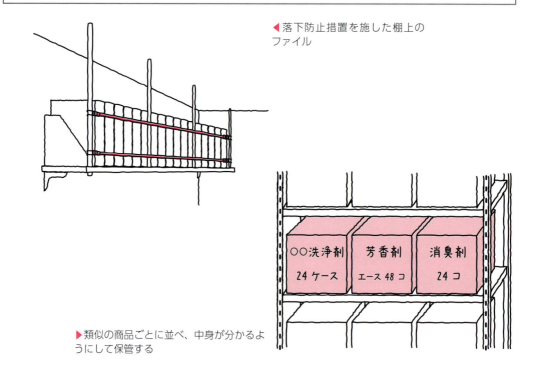

◀落下防止措置を施した棚上のファイル

▶類似の商品ごとに並べ、中身が分かるようにして保管する

（3）衣料倉庫

　衣料倉庫は、「商品が大きくてかさばる」「季節商品が多い」「靴のようにサイズが豊富な商品が多い」といった状況に加え、展示用のハンガーやマネキンなどの備品、返品商品などがあるため、乱雑になりがちです。探すのに時間がかかる上、取り出すのが困難となり、また、作業スペースが確保できず通路上での作業になるなど、安全上の問題や作業効率の低下につながります。売れ筋の商品、サイズ順、季節商品などを考慮した上で、置き場やルールを決めて、安全に効率よく保管するようにしましょう。

●衣料倉庫のポイント

- 商品ごとに置き場を決める
- 季節商品置き場を決め、季節ごとに入れ替えて固定したスペースに収める
- 靴等のサイズが豊富な物は、一目で分かるようにサイズ順に保管する
- 運搬通路、作業エリアを確保する
- ハンガーなどは揃えて、箱などに保管する（放置しない）
- 不要品は速やかに撤去し、無駄に保管しない（持たない）

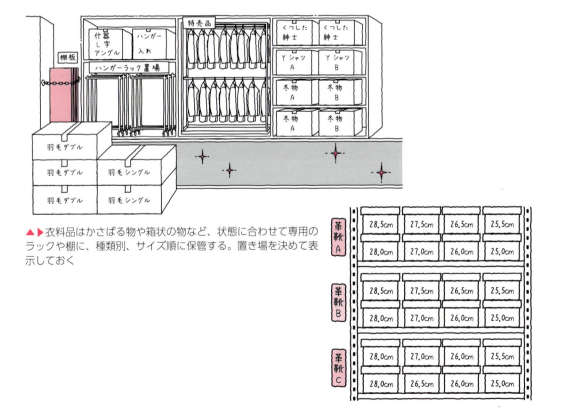

▲▶衣料品はかさばる物や箱状の物など、状態に合わせて専用のラックや棚に、種類別、サイズ順に保管する。置き場を決めて表示しておく

（4）冷凍、冷蔵倉庫

冷凍、冷蔵倉庫は生鮮食品や冷凍食品の保管に欠かせません。しかし、床面がすべりやすく、軽い物でも凍ることで硬くなり鋭利な形状になる場合もあることから、荷崩れや荷の落下時の危険性がより高まります。また長い時間の作業は体調を崩したり、凍傷のリスクもあります。このため、倉庫内の整理・整頓を進めて、できるだけリスクを減らし、効率的に作業できるようにすることが大切です。また、すべり止めのある作業靴や凍傷防止手袋の着用、入出時のルールも守りましょう。

●冷凍、冷蔵倉庫のポイント
・商品の出し入れがしやすいように整理、整頓を進める
・保護具を用意する（凍傷防止の手袋、すべり止めのある靴など）
・倉庫への入出時のルールや手順を作成し、周知する
・考えられる危険を従業員へ教育する

◀すべり止めのある防寒手袋と防寒長靴などを着用する。なお、比較的長い時間冷凍、冷蔵倉庫で作業するときは防寒着を着用する

(5) レジ、サービスカウンター

レジやサービスカウンターは比較的狭いスペースで、注文対応、包装業務などを行うことに加え、買い物かごや一時預かりの商品、放送機材の配線などで乱雑になっていることが少なくありません。また、バーコードリーダーでのスキャン時は配線による転倒のリスクもあります。従業員だけでなくお客様の安全のためにも、4Sを徹底しましょう。

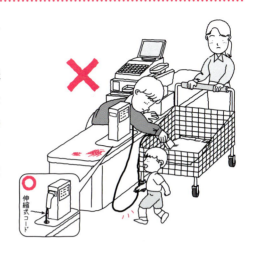

●レジ、サービスカウンターのポイント

- バーコードリーダーの配線はレジ台の中などに収納する
- カウンター周辺に不要物を置かない
- レジやカウンター周りの床がすべりやすくなっていないか随時確認してこまめに清掃する
 （生鮮食品や惣菜、冷凍食品などから出た水分で床面が汚れる、など）

◀清掃用具を常備しておき、汚れたらすぐ清掃できるようにしておく

スーパーなどの小売業では、お客様の信頼、信用が第一です。売り場が危険であれば、信頼されず離れていってしまいます。特に、お客様対応が多いレジやサービスカウンターは一番目に付きます。4Sを進め、お客様や従業員の安全を確保し、信頼される売り場を目指しましょう。

（6）調理器具

　スーパーなどの小売業では、肉、魚、惣菜、パンなどさまざまな調理が行われます。調理では、道具では包丁やはさみ、カッターなど、調理器具ではスライサー、シーラー、フライヤーなどを使用するため、切創や火傷などのリスクがあります。調理場の４Ｓを進めるとともに、作業手順書の作成・徹底も４Ｓ活動の延長ととらえて対応しましょう。

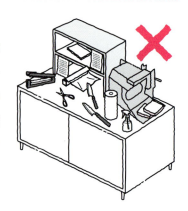

●調理器具のポイント（道具）	●調理器具のポイント（器具、設備）
・はさみ、カッター、包丁などは刃先を露出しないように保管する ・使用方法を手順化し、取扱い教育を徹底する ・野菜、果物をカットするカッターはしっかり押さえてすべらないようにする ・使用前に周辺を片付け、必要のない物は置かない	・使用方法を手順化し、使用者に教育する ・可動部や鋭利な箇所はカバーをするなどの対策をする ・危険な箇所には注意喚起の表示等をする ・周辺の整理・整頓を徹底する（フライヤー周辺など） ・清掃などで危険な場所へ接近しないようにする（ミキサーなど）

▲惣菜品に同梱する、しょうゆ、ソース、フォーク、スプーンなどの小物類はケースなどに小分けして保管すると整理しやすい

▲包丁など鋭利な物は、安全に保管できる専用ラックが有効

(7) イベント品、サービス品、試供品等

スーパーなどの小売業では、年中行事に合わせて、さまざまな売り出しイベントを実施します。しかし、売り出し期間の終了後に、使用したのぼりや旗、特設コーナーの備品、残ったサービス品・試供品が、バックヤード・倉庫に乱雑に置かれたままになったり、不要な物が廃棄されずになりがちです。売り出しイベントが複数回続くこともあり、本来の収納スペースや在庫置き場、通路を確保できないといった悪循環を生みます。

売り出し終了後に、再度使用する物と廃棄する物を分けて、整理・整頓を徹底することが大切です。

●イベント品、サービス品、試供品等のポイント
・売り出し終了後、再使用する物と、廃棄する物を分けて整理・整頓する 　（「いつかはまた使うかも」、「もったいない」からの脱却） ・特に、使用頻度の低いイベント品は奥へ収納する ・サービス品や試供品は廃却するか、メーカーへ返却する ・できる限りコンパクトに収納し、スペースを節約する

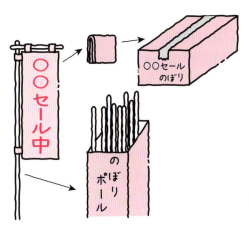

◀再利用する物はできるだけコンパクトに収納する

不安全行動と4S

　お客様のいる売り場から、バックヤードや倉庫に戻ると、急に小走りになったり、照明もつけずに、あわてて暗い中で台車を押したりと、つい不安全な行動をとりがちです。

　実際に、「暗くて床上の荷に気づかずつまずいて転倒」「包丁を手に持ってあわてて移動し、壁にぶつかった拍子に手を切創」「階段を数段飛び降りて捻挫」といった労働災害が発生しています。まずは自分の安全を確保するために、行動する前に危険を予知して、落ち着いて行動することが、結局は早道であり安全です。

　不安全な行動が頻発している職場は、ルールを守らないことが当たり前の職場となり、ひいては、4S活動も進まなくなります。そして、4Sが徹底されていない職場はケガのリスクが大きい上に作業効率が悪く、焦りなどから不安全行動を助長させてしまうという悪循環を生みます。ルールを守らない職場は、お客様への配慮が行き届かなくなり、結局、お客様の安全を脅かすことにもつながります。

　不安全行動をしないことと、4Sを進めることをセットにして考えて、職場のみんなで、また自らを「しつけ」ていくことが大切です。

▲照明をつけずに倉庫作業し、床上の荷に気づかず転倒

▲お客様に商品を早く渡そうと、倉庫の階段を、両手に荷を持った状態で飛び降りて捻挫

【参考】店舗の４Ｓチェックリスト（例）

カテゴリー	チェック項目	確認方法	評価	備考欄
バックヤード	・バックヤード内で、置き場は決められていますか	ルール		
	・運搬通路は安全に確保されていますか	聞取り		
	・最大の納品を考えて置き場を決めていますか	ルール		
棚の上・中	・棚の上に重いものを置いていませんか	現場		
	・落下防止をしていますか	現場		
	・すぐに使用するものは、取り出しやすくなっていますか	聞取り		
衣料倉庫	・品物ごとの置き場は決められていますか	ルール		
	・商品は取り出しやすくなっていますか	聞取り		
	・運搬通路や作業スペースは確保されていますか	現場		
	・不要品を整理していますか	聞取り		
冷凍、冷蔵倉庫	・保護具を準備していますか	現場		
	・入出のルールを決めて、危険などについて教育・周知していますか	記録		
レジ、サービスカウンター	・バーコードリーダーの配線がたれていませんか	現場		
	・レジやサービスカウンター周辺に不要物はありませんか	聞取り		
	・周辺を適宜清掃していますか	聞取り		
調理器具	・道具の置場は決められていますか	ルール		
	・刃先や刃は露出されていませんか	現場		
	・道具や調理器具の取扱いの教育は実施していますか	記録		
	・調理器具の安全方策はできていますか	現場		
	・危険な箇所へ表示等はされていますか	現場		
	・作業周辺の整理・整頓はできていますか	聞取り		
イベント、サービス、試供品	・イベント品は使用時期を考えて、保管していますか	現場		
	・できる限りコンパクトにして、無駄なスペースをつくらないようにしていますか	聞取り		
	・期間が終了したサービス品や試供品は適切に処理・処分していますか（いつまでも放置していませんか）	聞取り		

評価方法：〇…できている（ある）、×…できていない（ない）

コメント・所見：

※ 61頁の「チェックリストのポイント」も参照のこと

❸ 店舗

④ 倉庫

　倉庫は物流の要です。多くの物を適切かつ効率的に保管・収納するため、小さいスペースに荷を高く積んだり、フォークリフトやハンドリフター、台車などの運搬機械器具を使用します。すなわち、荷さばきや検品、仕分けなどを行う人と、荷、機械器具が混在する作業場であり、人と機械の接触や荷の崩壊などのリスクの高い職場といえます。
　倉庫では、安全・効率的で取り出しやすい荷の置き方といった整頓の工夫が大切です。

(1) 物の置き方

　物を置くときは、作業効率だけではなく、安全面や景観を考える必要があります。景観の乱れはルールの乱れにつながります。

作業効率	・取り出しやすさ（先入れ先出しの工夫） ・見つけ（見つかり）やすさ（レイアウト、表示） ・単位置き（ロット単位、製品単位、出荷日単位など）
安全面	・通路、扉（開閉）の確保　・作業場の確保 ・取り出しスペースの確保　・置場の安全（段差、傾斜がないこと） ・消火器、消火栓、避難口の確保
景観	・整然さ（直角水平置きなど）

悪い例　〜置き方、作業方法など

- ルールがなく個人の判断で物が高く積まれている
- 積み方が悪い（ずれている、棒積みなど）
- 物の置き方が乱雑（エリア等の区分がない）
- フォークリフトと作業者が混在して作業している
- 通路が確保されていない

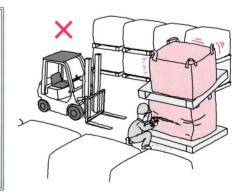

●物の置き方のポイント

- ルールをつくる（高さ制限、置き場所、置き方など）
- フォークリフトの作業領域と一般作業場はエリアを分ける
- フォークリフトの作業領域に行くときは誘導者を配置する
- 倉庫全体のレイアウト図に物の置き場を示す（誰が見ても分かるようにする）

Ⅱ 職場の4Sの具体例

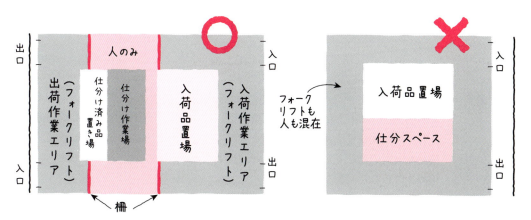

▲フォークリフトによる入荷、人による仕分け、フォークリフトによる出荷作業を行う場合、荷の流れに沿ったレイアウトにし、人とフォークリフトの作業エリアを明確に分け、出入り口を一方通行にするなどの整流化（作業の一本道）をすると、安全かつ効率的に作業できる。人とフォークリフトの混在作業はリスクが高い

ワンポイント　小ロット品の保管

倉庫内には、パレット等で保管する大ロット品と、単品で保管する小ロット品があります。小ロット品は単品で扱うことから、できる限り手の届きやすい場所に保管しましょう。また、パレットでの保管にこだわらず、形状に合わせて棚なども活用して、省スペース化や効率化（取り出しやすさ）をしましょう。

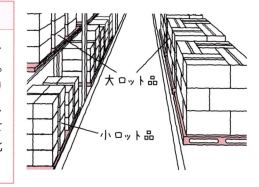

❹ 倉庫

+1s 仕組み

「**定位置**」決められた場所に
「**定品**」決められた物（品物）が
「**定量**」決められた量だけある
という管理を「3定管理」といいます。つまり、「違う物が置かれる」「量が多い」といった異常がすぐ見えるという管理手法です。また、「カンバン」表示にして3定管理を見える化することも有効です。
　こういったすぐれた仕組みをつくることで、取り組みやすくなり、活動が格段に進みます。同じ不備が生じたら「仕組み化して解決できないか」や、「仕組み化してもっと分かりやすくできないか」など、職場のみんなで考えてみましょう。

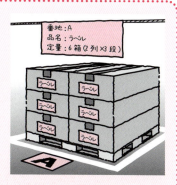

> ### ワンポイント　はい作業
>
> 「はい」とは、倉庫、上屋又は土場に積み重ねられた荷（小麦、大豆、鉱石等のばら物の荷を除く。）の集団を言います。
> 　労働安全衛生法では、高さが2m以上のはい付けやはい崩しの作業（荷役機械の運転者のみによって行われるものを除く）について、事業者は、はい作業主任者技能講習を修了した者のうちから、はい作業主任者を選任し、作業を指揮することなどが求められています。
> 　**はい付け**：物品を一定の方法で規則正しく積み上げること
> 　**はい崩し**：積み上げられた物品を取り崩すこと
> 　**はい替え**：はい付けされた物品をはい崩しして別の場所にはい付けすること
> 　また、はいの上で作業する場合、作業箇所の高さが床面から1.5mを超えるときは、安全に昇降するための設備を設ける必要があります。

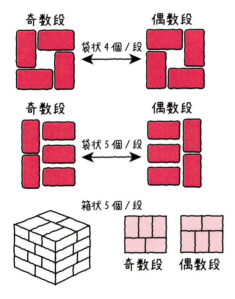

▲袋状の物、箱状の物などは、奇数段と偶数段の並べ方を互い違いにして安定性を確保する

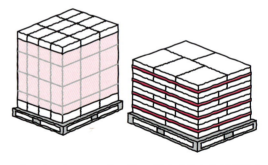

▲ゴムバンドやラッピングして結束するとより安定する。床面にじか置きはせず、パレット上に積むなどして移動しやすくする

> 倉庫では、物流動線をできる限り短く（ショート）し、運搬のムダ、人や物との接触するリスクを最低限にしなければなりません。単体ごとに効率よく置くだけでなく、全体を見渡して、効率的なレイアウト、置き方が必要になります。

（2）通路、出入り口

　倉庫では、物を置く（保管・収納する）ことを優先して、通路や出入り口をつい塞いでしまうことがありますが、荷の取扱いスペースがなくなるばかりか、緊急時の避難もままならなくなるため、たいへん危険です。倉庫では、物を置くことと同じくらい荷の出し入れも大切です。作業スペースや移動経路（緊急時も含む）の確保のために通路や出入り口の４Sを最優先に進めましょう。

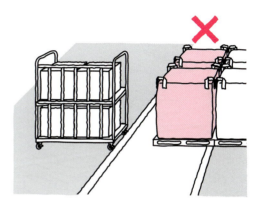

●通路、出入り口確保のポイント
・火災時や緊急事態発生時の通路、出入り口（非常口）は最優先で確保する
・通路を白線で明示し、物を置いてはいけない場所にトラテープなどで表示し、物を置けないようにする
・ルールを従業員へ教育、周知する
・通路や出入り口が確保されているかパトロールで確認する

◀フォークリフトと人の通行帯を分けて柵を設置し、かつ、フォークリフトの入退時にパトライトが点滅して危険を知らせる例

(3) 脚立、移動式階段、はしご（昇降器具）

　倉庫では物を効率よく保管・収納するために、荷を高く積んだり、背の高いラックや架台を設置して、脚立、はしご等を使用して収納することがあります。しかし、踏みさんが破損しているなど昇降器具自体の不備はもちろんのこと、階段上に荷を置いたり、はしごの周辺の整理、整頓ができていなかったりすると、墜落・転落・転倒などのリスクが生じます。

　適切な昇降器具を配備し、適切な使い方により安全に作業しましょう。

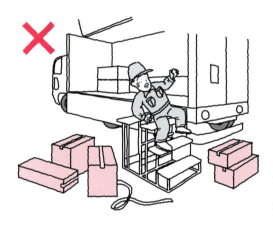

◀昇降設備はあるものの、手すりがなく、さらに周辺の４Ｓ状況が悪い例

● **昇降器具の４Ｓと安全のポイント**

・用途や場所に合わせて、適切な昇降器具を配備する
・昇降設備は周辺も含め常にきれいにしておく（荷を置かない、階段にすべり止めをする）
・階段には手すりを設置する
・安全に使用できるように定期的に点検を実施する
・高所の荷や、比較的高いところにある重量物の取扱いは、フォークリフト、オーダーピッキングトラック、リフターなどを使用する

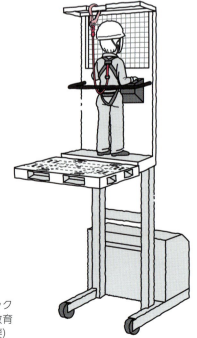

▶オーダーピッキングトラック
（最大積載荷重により特別教育または技能講習の修了が必要）

(4) 台車（ハンドトラック）

　倉庫内の人力荷役機器として台車（ハンドトラック）があります。これは荷物に応じさまざまな形態、種類があり倉庫作業では欠かせません。しかし、使用方法や用途を間違えると、荷崩れ、転倒（荷物、人）などのリスクがあります。使用するハンドトラックのメリット、デメリットを理解し、適切なハンドトラックを選択して使用することが大切です。

◆両そで型ハンドトラック

　　a）6輪型　　　　　　　　b）4輪型

⭕ メリット	❌ デメリット
●高さが低く、転倒しにくい。 ●奥行きが短く、荷積・荷卸がしやすい。 ●段差を乗り越えやすい。 ●6輪型は中央部のキャスターのみが大径で、小回りしやすい。 ●両側の開口部から積荷を確認できる。	●一般的に最大積載重量が小さい。 ●幅寄せがしにくい（中央部キャスターが固定式の6輪型の場合）。 ●開口部が2カ所あり、荷崩れしやすい。 ●6輪型の場合、常に接地しているキャスターは大径の中央部2輪と一方の片側の2輪の合計4輪のため、荷物が接地輪側に動き、荷崩れするおそれがある。 ●同様の理由で、6輪型の場合は特に、ブレーキをかけないと動き出すおそれがある。

◆片そで型ハンドトラック

a）1段式

b）2段式

○ メリット	× デメリット
●操作用のハンドルが装備されている。 ●折りたたみが容易（1段式）。重ねて収納できるタイプがある。 ●持ち運びしやすい（2段式を除く）。 ●小物の運搬に有効（カゴ付きタイプもある）。	●一般的に最大積載重量が小さい。 ●開口部が3方向（前、左、右）のため、荷崩れしやすい。

◆ドーリー

a）枠付タイプ

b）枠無タイプ

○ メリット	× デメリット
●持ち運びしやすい。 ●連結して使用できる物がある（枠無タイプに多い）。 ●枠付タイプの場合、折りたたみコンテナ等をはめ込むことができるので、積み重ねても荷崩れしにくい。	●積載量が少ない。 ●枠無タイプの場合、外側のパネルがないため荷崩れしやすい。 ●積荷を持って操作するため、操作しづらい。

※これら以外にも多くの人力荷役機器があり、用途に応じた特注品も多く存在します。

Ⅱ　職場の4Sの具体例

悪い例　～台車の管理・使用

- 適切な台車を利用していない
- 置き場が決まってなく、通路などに放置されている
- 台車が物の置き場になって放置されている
- 未使用の台車が乱雑に置かれている（折りたたみ状態含む）
- 汚れている
- 取扱いのルールがなく、教育もしていない

▲ドーリーに棒積みのまま保管された荷

●台車の管理のポイント

- 使用用途に合わせた物を配備する
- 台車置き場を決める
- 台車の使用手順を作成し、積載物・量を決める
- 定期的に点検・清掃する
- 一時的に物置き場として使用する場合は、エリアを決め、固定する

▲台車などは置き場を明確にして、使用後はすぐに戻す

❹ 倉庫

+1s スモール

　4Sでは、「効率的に物を置く」ということが、重要なテーマの一つです。「スモール」という言葉でコンパクトな収納を意識してもらうことも一つの方法です。
　例えば使用していない台車は、そのまま床面に置いておくと場所をとりますが、積み上げておけるタイプの物（ドーリーや折たたみ式台車）を使用すればスペースを効率化できます。

55

(5) ロールボックスパレット

　ロールボックスパレットは、3面がパネルで囲まれていて荷崩れや荷の損傷を防止できること、キャスターにより運搬の効率化および作業者の負担軽減ができること、一時的な物置棚としても利用できることなどから、多用されています。しかし、その一方で指、手、腕、足指、足のはさまれ、ロールボックスパレットの激突や転倒による下敷き等の重篤な労働災害も発生しています。整理、整頓にも便利な器具ですが、作業エリアや保管、取扱いのルールを決めて、正しく使用することが大切です。

▲中間棚があるタイプ。未使用時はストッパーでしっかり止めておく

悪い例　～ロールボックスパレット

- ボックス内に荷物が収まらずはみ出ている
- たたんだロールボックスパレットが放置されている
- 複数台を運搬する（両手、連結などで）
- キャスターなどが壊れたまま使用している
- ルールがなく、運搬方法がばらばら（押し・引き、立ち位置、持ち位置など）

▲長尺物など、物がはみ出たまま運搬するとたいへん危険

●ロールボックスパレットの使用におけるポイント

・積載する物、収納する物を決める（はみ出る物は積載・収納しない）
・未使用のロールボックスパレットは折りたたんで壁際などに置いて転倒防止策を施す
・使用方法（運搬方法など）、ルールを決めて、教育・周知する
・キャスターの損傷や歪みなど故障がないか定期的に点検する
・必要に応じ、保護具を着用する

保護具の例

- ロールボックスパレットを持つ手がすべるおそれがあるため、手のひら側にすべりにくい加工をした手袋を使用
- 手や指の負傷を防ぐため、手指部の保護具を使用
- 中間棚があるタイプで、棚に頭部をぶつけたり、棚が落下するおそれがある場合、ヘルメット（保護帽）を着用
- キャスターへの足指はさまれ防止対策として、安全靴を着用

▲ロールボックスパレットでは、手をはさんだり、パレットがかかとにぶつかる事故が多い。作業方法に応じて保護具を使用する

ワンポイント　運搬方法

　運搬方法には「押し」「引き」「よこ押し」があります。運搬する物や倉庫の環境（通路、作業エリア、人の往来など）を考慮して適切な運搬方法を選択しましょう。

①押し

②引き

③よこ押し

※①〜③は固定キャスターと旋回キャスターが２つずつ付いた「複合キャスタータイプ」のもの

①押し

押しは、ロールボックスパレットの最も基本的な操作方法。前歩きのため違和感がなく、力を入れやすく、長距離の移動に適している。

遵守事項	注意事項
●原則として、側面パネルを手前にして押す ●曲がり角では前方の見通しがよくないので減速する ●複合キャスタータイプの場合、原則として進行方向に対して、先頭は固定キャスター、後方は旋回キャスターにして押すこと ●荷が高く積まれ見通しが悪い場合は、補助者をつけるか、適宜一時停止して側面から前方を確認しながら押す	●前方の見通しが悪い場合、前方の状態（段差、人）に気づきにくい ●先頭のキャスターは固定タイプのため、先頭キャスターで旋回できない ●前方の見通しおよび操作性がよくないため、方向転換の多い場面での移動には適さない
禁止事項	推奨事項
●ロールボックスパレットの開口部を作業者側にして押さないこと（荷崩れによる危険回避）	●前方の見通しをよくするため、作業者の目線よりも高く積載しない

②引き

引きは、進行方向に対してロールボックスパレットの先頭に操作者が位置するため、第三者等への接触リスクが小さく、スーパーなど小売店の店舗内の移動で多用される。狭い場所でもコントロールしやすく、後ろ歩きのため、速度を上げての移動を防止できる。

遵守事項	注意事項
●原則として、側面パネルを作業者側にして引くこと ●複合キャスタータイプの場合、原則として進行方向に対して、先頭は旋回キャスター、後方は固定キャスターにして引くこと ●トラック荷台のテールゲートリフターからプラットホームなどにロールボックスパレットを引く時は、事前に移動できる範囲を確認すること ●１人で動かしにくい場合は、他の者に支援を求めること	●後方（進行方向）の状態（段差、人）は、身体をひねって進行方向を確認するため、ひねりと反対側の進行方向に死角ができやすいこと ●進行方向の確認のために身体をひねるので、腰を痛めやすい ●急停止による足部・すね・アキレス腱等の激突・はさまれ ●後方のキャスターは固定タイプのため、後方キャスターで旋回できない ●方向転換の多い場面での移動には適さない

禁止事項	推奨事項
●トラック荷台とプラットホームが接続していない場合に荷台から引いて移動しないこと（作業者と荷の落下の防止） ●トラック荷台からテールゲートリフターへ引きで移動しないこと（作業者の転落、転倒した荷による下敷き回避） ●ロールボックスパレットの開口部を作業者側にして引かないこと（荷崩れによる危険回避）	●後ろ歩き操作に慣れるため練習を十分すること ●比較的短い距離の移動時に限定すること ●適宜、押し、横押しを組み合わせて移動すること

③よこ押し

よこ押しは、ロールボックスパレットの構造を反映した操作方法で、重心に近い位置で操作するので操作性がよく、前方の見通しもよい。

遵守事項	注意事項
●背面パネル側に位置して操作すること ●身体をひねった姿勢で操作するため、初動時、停止時に力を入れにくい。このため一定の速度に達してからよこ押しを行うこと	●足がキャスターに接触しやすいこと ●身体をひねった姿勢のため、腰を痛めやすいこと

禁止事項	推奨事項
●サイドバーを持って移動しないこと（サイドバーの外れによる荷崩れ防止） ●傾斜部で横押ししないこと	●進行方向に対して先頭を固定キャスター、後方を旋回キャスターにして操作すること

(6) パレット

パレットはフォークリフトでの運搬やロットで管理することに適しているため、倉庫で多用されます。しかし、比較的多くのパレットを使用するため、使用済みのパレットが通路に放置されたり、立てかけられていたり、不安定な状態で高く積まれていることがあります。つまずきによる転倒だけでなく、パレット単体でも重量がある物もあり、積んだパレットが崩れて下敷きになるなどのリスクもあります。置き場や高さ制限などのルールを決めて、安全に使用することが大切です。

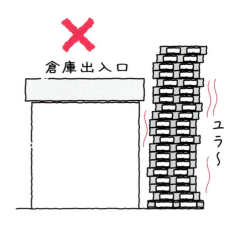

●パレットの管理のポイント

・置き場所を決める（自社の空パレット置き場、物流会社に戻す空パレット置き場、種類（プラスチック製、木製）別など）
・立てかけは禁止する
・空パレットを積める高さを制限する
・高く積む場合（空、製品）はできる限り壁際に積む（落下、崩壊防止）
・荷物に応じたパレットを選択する（プラスチックパレット、木パレット、紙パレット）
・壊れたパレットは使用しない

※壊れたパレットをフォークリフトで使用すると違法です。

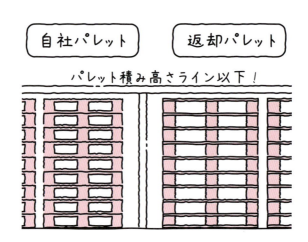

【参考】倉庫の４Ｓチェックリスト（例）

カテゴリー	チェック項目	確認方法	評価	備考欄
物の置き方	・物の置き方のルールはありますか（高さ制限、置き場所など）	ルール		
	・フォークリフトと人の作業領域をできるだけ分けていますか	現場		
	・はい作業は有資格者が指揮し、正しいはい積み等をしていますか	現場		
通路、出入り口	・通路は確保され、物は置かれていませんか	現場		
	・出入り口、非常口前に物が置かれていませんか（開閉できますか）	現場		
	・定期的にパトロール等で確認していますか（確認する仕組みがありますか）	記録		
脚立、移動式階段、はしご	・用途に応じた昇降器具を配置（配備）していますか	聞取り		
	・脚立、階段はすべりやすくなっていませんか	現場		
	・定期的に点検していますか（する仕組みがありますか）	記録		
台車	・用途にあった台車は配備されていますか	現場		
	・ルールを決め、利用者に教育していますか	記録		
	・定期的に点検や清掃をしていますか	記録		
ロールボックスパレット	・ロールボックスパレットの使用方法が決められていますか	ルール		
	・使用用途の応じ、運搬方法を決めていますか	ルール		
	・必要な保護具を用意していますか	現場		
	・取扱いに関する教育をしていますか	聞取り		
パレット	・パレット取扱いのルールはありますか（教育をしていますか）	ルール		
	・壊れたパレットは使用していませんか	現場		
	・用途に応じたパレットを選択していますか	聞取り		
	・定期的にパトロール等で破損や置き方の確認をしていますか	記録		

評価方法：○…できている（ある）、×…できていない（ない）

コメント・所見：

> **チェックリストのポイント**
> 1 　評価：評価方法は「○、×、（必要に応じ△）」やレベルで評価する「A,B,C」、「１～５段階」などがあります。レベルで評価する場合は、誰がチェックしても同じ評価になるように、判定基準を明確にすることが大切です。
> 2 　運用：チェックリストはいつ実施するか、誰が（実施者、責任者など）実施するかなどのルールを明確にすることが大切です。また、×の場合やレベルが低い場合などの対策や対応をどうするかを決めておくことも必要です。

製造現場

（1）作業現場の身の回り　～作業床、原材料、半製品

　身の回りに不要な物を置かないようにすることが、安全を確保するための基本です。作業場の身の回りの４Ｓができていないと、

①　物へのつまずきや、床面の水・油などでのすべりによる転倒

②　必要な治工具などが見つからず別の物で代用してケガ

③　必要な物がすぐに見つからない、作業が進めづらいなどにより、進行が遅れ、あせりから省略行為をする

ことなどに直結しやすくなります。日ごろから、また、作業の区切りで４Ｓの状態をチェックして、きれいな状態を保ち、作業を安全にやりやすくしましょう。

● **基本はすぐに、こまめに、節目に対応**

　床面の水・油、切削くず、ほこりなどはすぐに除去するようにします。

油ぼろや金属くずなどは分別して捨てる

災害を未然に防止する観点から「後で対応する」ではなく、気づいたらすぐに清掃するなど、先手先手で対応する「先取り」の精神が大切です。また、例えば、床面がよく油で汚れるのならば、油汚れを引き起こしている発生源（例えば、配管バルブのパッキンの劣化など）対策をとるといった、「先取り」の対応が大切です。

Ⅱ 職場の4Sの具体例

●道具・工具・治具類

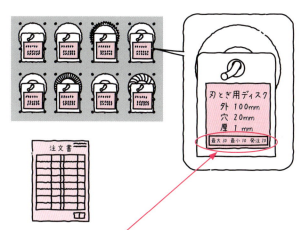

▶在庫の最大数・最小数、発注個数を明記。最小数になったら、折りたたんで同封されている注文書をファックスできるようにした例

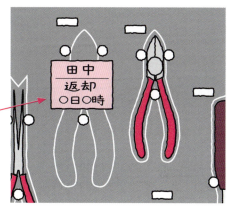

▶工具は、ひと目で掛ける場所が分かるように、名称と姿を書いておく。また、使用者名や返却予定を書いて貼る（マグネット）ようにすると、所在がすぐに分かる

❺ 製造現場

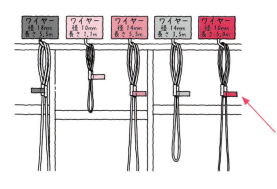

◀玉掛け用のワイヤーなど形状が似ている物の保管は、色や表示で径や長さの見分けがつくようにしておく

◀ワイヤー側に表示プレートと同色の札をつけると判別しやすい

●道具・工具・治具の管理のポイント

・すぐに使う物は近くの場所に、取り出しやすく置く
・置き場所を道工具の形に縁取るなどして置き場所を分かりやすくし、かつ使用時は使用者を分かりやすく表示する
・似た物同士は色や表示で違いを分かりやすくする

● 資材・機材・材料・部品・半製品

●資材・機材・材料・部品・半製品の管理のポイント
・一時的に生じる半製品、加工不良品なども置き場所を確保し、現在の進捗が分かるように表示しておく ・細かい部品などは、ケースに入れて種類やサイズ順などに並べる ・大物の材料などは安全にたてかけて置けるようにして取り出しやすくする

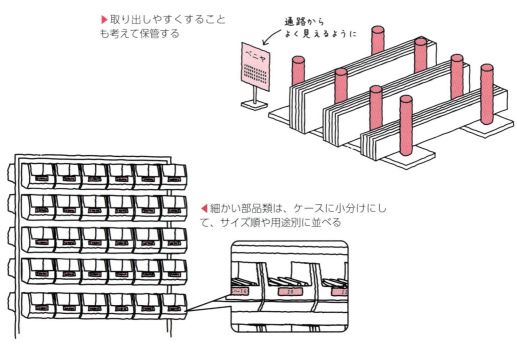

▶取り出しやすくすることも考えて保管する

◀細かい部品類は、ケースに小分けにして、サイズ順や用途別に並べる

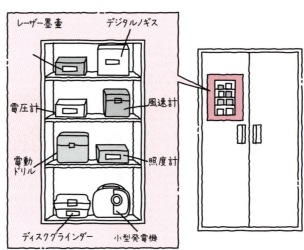

▶保管庫に保管する機材などは、正しい位置を写真などで示すと、整頓しやすい

Ⅱ　職場の4Sの具体例

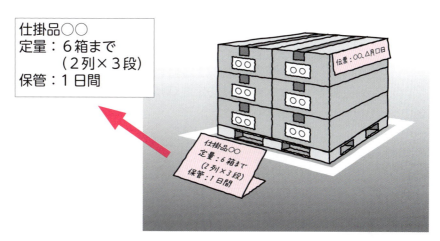

▲工程間で生じる仕掛品（半製品）は、置き場を決め、品目、最大数、保管日数などを明示して、進行状態などが分かるようにしておく

❺製造現場

▼加工不良、材料不良などの一時保管場所を作っておくと、作業場所の周辺が乱雑にならない

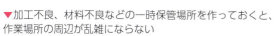

▲部材などで、どうしても一旦どこかに仮置きしなければならない物は、理由や撤去日、担当者を明示して保管する

4Sのテーマの一つに、活動をいかに日常のこととして習慣化させるかということがあります。これを邪魔する要因に、役割や責任があいまいになっているということがあります。
各場所の4S担当者、エリアごとの担当職場、エリアごとの用途（作業スペースや通路）などを見える化（明示）しておくと、分担や責任の所在があいまいにならず、活動の定着（習慣化）につながります。

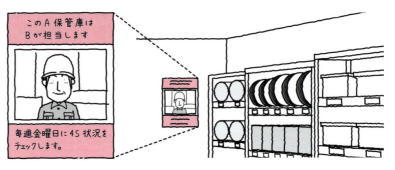

▶ 保管担当者などを決めて、担当者が4S状況を定期チェックするのも効果的

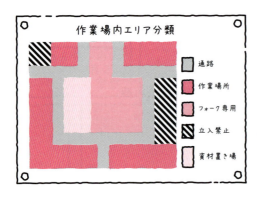

◀ 作業場の各エリアの床面を色分けして、物のはみ出しなど、ルールの逸脱を分かりやすくする。また、各職場の全体像を掲示しておくとより分かりやすくなる

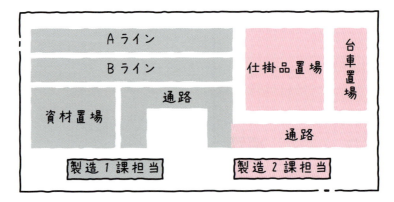

▲ 通路や共用の台車置き場など、製造に直接関係する以外のエリアは4Sの担当があいまいになりやすい。レイアウト図で、担当部署を色分けしておくと、責任の所在が明確になる

（2）機械設備とその周辺　〜刃物、駆動部、設備

●機械設備とその周辺

　鋭い刃を持っていたり、駆動部のある機械の周辺の４Ｓができていないと、巻き込まれ、はさまれ、飛来といった災害につながりかねません。また、駆動部にほこりなどがたまると火災の原因にもなります。必要な物以外は片付け、使用した物も終わったらすぐに片付けましょう。

> **●機械設備とその周辺のポイント**
> ・ひと仕事ひと片付けを大原則に、作業の節目で片付けを励行する
> ・機械設備の上や下、裏面にスペースがあっても、物は置かない
> ・機械設備類の操作盤などは色・形・文字などで分かりやすく表示する
> ・点検、調整の作業でも整頓や表示を行う

▲刃には物がひっかかりやすい。引っかかればものすごい速度で飛んできて危険

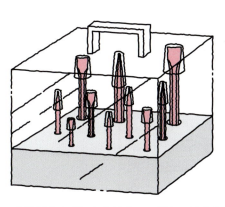
▲刃物類やとがった物はキャップをつけてカバー付きのケースに入れて保管すると安全

▲すぐに使用する工具や部品は置き場を決めておくのも効果的。作業位置で取り出しやすく、安全な位置に配置する

●機械設備の表示類

機械設備等の表示を分かりやすく、見やすくすることも、4S活動の一環です。

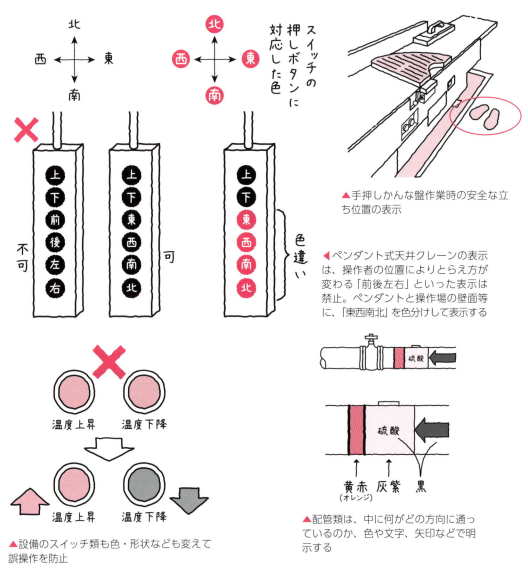

▲手押しかんな盤作業時の安全な立ち位置の表示

◀ペンダント式天井クレーンの表示は、操作者の位置によりとらえ方が変わる「前後左右」といった表示は禁止。ペンダントと操作場の壁面等に、「東西南北」を色分けして表示する

▲配管類は、中に何がどの方向に通っているのか、色や文字、矢印などで明示する

▲設備のスイッチ類も色・形状なども変えて誤操作を防止

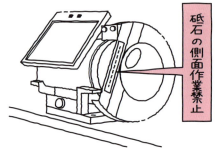

◀リスクが高い箇所に、禁止事項などを表示して注意を促す

II 職場の4Sの具体例

● **機械設備の点検、調整など**

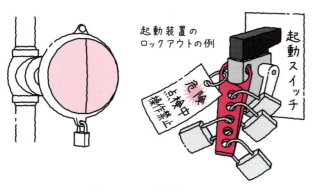

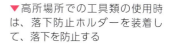
▼高所場所での工具類の使用時は、落下防止ホルダーを装着して、落下を防止する

▲設備内に入って機械等の点検、調整などをする際は、誤操作防止のため、起動スイッチやバルブ類などを施錠する。操作禁止の札も貼っておく

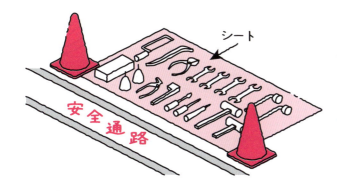

◀シート上に使用する工具を並べて整頓しておくと、工具の誤った選択を防ぎ、かつ作業効率も良くなる。工具の回収もれも防げる

❺ 製造現場

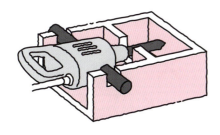

▲鋭い刃を持つ電動工具類は、安全に置ける、専用の置き台などを設ける

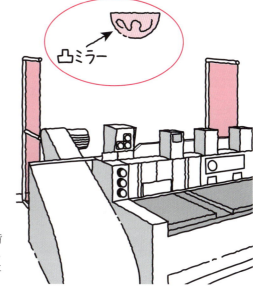

▶メンテナンスで機械の背面に人が入っていないか、ミラーを取り付けておくと確認しやすい

(3) 電気設備とその周辺　～電気設備、コード類

電気設備の周辺の4Sができていないと、感電や火災、誤操作などにつながります。

●電気設備とその周辺のポイント
・コード類など損傷により充電部が露出しやすい箇所はカバー等により養生する ・表示を活用し、通電の状態、電気設備の用途などを明示する ・電気設備の周辺は作業の節目で片付けを励行する

●電源・コード類

▲プラグやコンセント付近にほこりがたまると、漏電してショートするトラッキング現象により、火災につながる

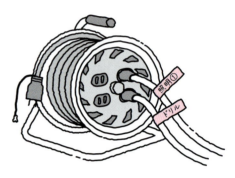

▲コードが複数本ある場合は、対応する電気器具が分かるように表示する。本数が多い場合は束ねておく

◀床面や壁面のコード類はむき出しにせずカバーをつける。可搬式の電動工具や照明などを一時的に使用する場合も、人が通行する場所や、コードが擦れやすい箇所をケーブルガードなどで養生する

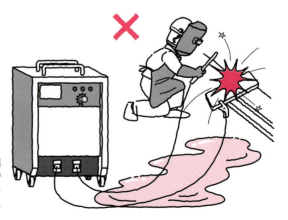

▶アーク溶接機などの電気器具類は、床面が濡れた状態でコードをはわせない。ふき取って乾燥させてから使用する

●配電盤、分電盤など

▲配電盤、分電盤、制御盤などの内部を物置き場として使用しない。また、作業中に内部や周辺に不用意に物を置かないようにする。整理・整頓が悪いと感電につながる

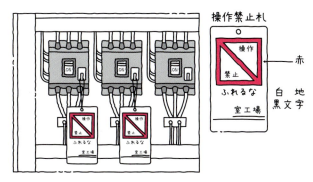

▲設備の修理中などは、操作してはいけないブレーカーに「操作禁止」の札を貼って表示する

操作禁止札 — 赤／白地／黒文字

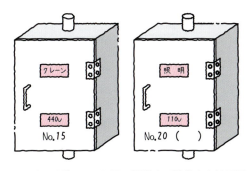

▲スイッチボックスには、該当する設備名や使用電圧を表示する

黒線／黄赤地／黒文字／白地／黒文字

▲高電圧の設備がある職場では、その旨を目立つように表示する。担当者以外操作禁止

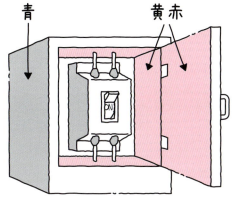

◀スイッチボックスの扉内側や機械のカバーの内側を目立つ色にしておくと、閉め忘れの防止になる。

JIS Z 9103
黄赤＝危険・明示

（4）危険物　〜ガスボンベ、有機溶剤などの薬品、粉じん

危険物は、爆発・火災、中毒など大きな災害につながりやすいので、４Ｓを進めて慎重に取り扱うようにしましょう。

● ガスボンベ

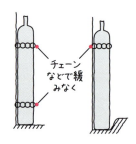

▲ボンベはチェーンで上下を2重止めするか、下部の床を低くして、転倒防止を図る
◀ガスボンベは、付近に火気がなく、高温にならないなど、安全な場所に専用の保管スペースを設け、充填された物と空のボンベを分けて保管する
◀また、ボンベの色は規格で種類ごとに定められているので、見分ける際の参考とする
　例　黒：酸素ガス、褐色（茶色）：アセチレンガス

● 有機溶剤などの薬品類

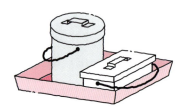

▶薬品類は、換気が考慮されている場所で、かつ、転倒防止を施した専用の保管棚などに保管し、使用するときだけ持ち出し、使用記録（品名、量など）も残す。混触すると危険な物質は、別々に保管する（酸と塩基類など）

▲使用量によっては、小分けにして持ち出し、作業中はバット上に容器を置き、万一の液の拡散流出を防ぐ

表示ラベルに書かれている内容

◆名称　　　　◆絵表示
◆注意喚起語：
　危険有害性が高い場合「危険」、高くはないが危険有害性がある場合「警告」を記載
◆危険有害性情報：
　人体に及ぼす影響など
◆注意書き：
　安全対策、救急処置、保管方法など

▲小分けしたものも含めて、容器には、安全対策や救急処置などを記したラベルを貼付して、内容物や万が一の際の対応などを明らかにしておく

Ⅱ　職場の4Sの具体例

●粉じん

　粉じんの浮遊やたい積は健康への影響や、爆発・火災のリスクを高めます。できるだけ発生させないことを基本にし、発生後は清掃などでこまめに取り除くようにしましょう。

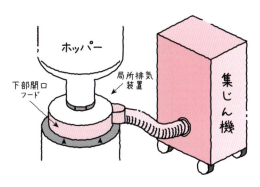

▲局所排気装置などを有効に稼働させて、気中への粉じんの拡散を抑える。なお、湿潤化や飛散防止剤の活用も粉じんの飛散防止に有効

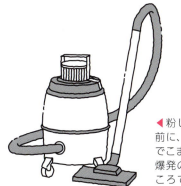

◀粉じんがたい積する前に、真空掃除機などでこまめに掃除。なお、爆発の危険性のあるところでは、防爆タイプの物を使用する

▼エアーシャワーが設置されている職場では、粉じんをしっかりと取り除いてから、職場の外に出るようにする

❺ 製造現場

ワンポイント　靴底もきれいに

　可燃性ガスや爆燃性の粉じんが存在する職場では、静電気帯電防止作業服・作業靴を着用して、作業者が帯電して着火源となることを防ぎます。作業靴の裏底や床面に塗料や樹脂など絶縁性の物が付着していると、作業者の電気が逃げず帯電してしまいます。靴底や床面は常にきれいな状態を保つことが重要です。

(5) 物の置き方

●基本は安全に、取り出しやすく

物の置き方の基本はこれまで紹介してきた場所別の４Ｓに共通の事項ともいえます。

> ●物の置き方のポイント
> - すべての物について置き場所を決め明示する
> - 重い物・大きい物は下、軽い物・小さい物は上に置く
> - すぐに使う物は、取り出しやすく、しまいやすく、保管場所も近くにする
> - 荷が崩れないような積み方、物の落下防止など、安全な置き方をする（はい積みは「5　倉庫」を参照）

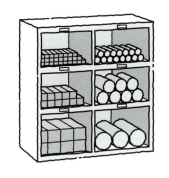

●長尺物、円筒状の物など

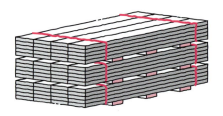

▲パレット積みできないような大物も床面へのじか置きはせず、枕木をかます

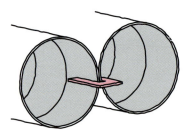

▲筒同士を治具で連結しても、転がり防止になる

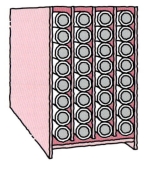

▲円筒状の転がりやすい物は、歯止めや専用ラックを活用する

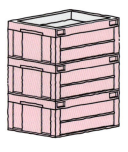

◀小物類の保管はコンテナボックスの使用も有効。未使用時は折りたためるので、保管もしやすい

(6) 保護具

　保護具には、防毒マスクやヘルメットなどの個人用の物と、空気呼吸器など共用の物があります。保護具着用管理責任者や使用基準を定め、適切な着用や定期的な点検整備を確実に実施しましょう。

▲マスクは使用後に各部に損傷がないか点検し、汚れ等をふき取ってから、高温多湿を避けて保管
▲防毒マスクの吸収缶は上下の栓を閉じるか、密閉して保管
▲防じんマスクのフィルターは乾かして、粉じんを軽く払い落としてからなるべく密閉して保管

▲緊急時の保護具も定期的に点検、整備を行い、緊急時にすぐに使用できる状態で保管する

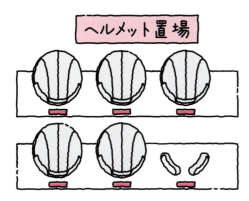

▲ヘルメットは使用前後に破損等がないか点検し、汚れはふき取る。直射日光や高温多湿の場所、ほこりや粉じんの多い場所での保管は避ける

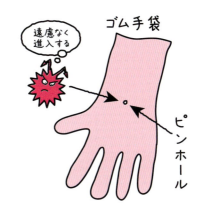

▲特に化学防護手袋は、ピンホール等の破損を見逃すと薬傷等の災害に直結するので、使用前後に入念に点検する

（7）汚れを持ち込まない

　日々の清掃はもちろん重要ですが、そもそも職場内に汚れを持ち込ませない対応も大切です。

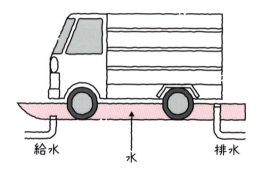
▲タイヤに付着した泥などを洗い流す例

【参考】製造現場の４Ｓチェックリスト（例）

カテゴリー	チェック項目	確認方法	評価	備考欄
身の回り	・床面の水・油、切削くず、ほこりなどはすぐに除去していますか	聞取り		
	・台車や工具は使い終わったらすぐに置き場所に戻していますか	聞取り		
	・道工具類は表示や色分けして、種類の違いや使用者を明確にしていますか	現場		
	・棚などの保管物は、写真などを利用してあるべき姿（定置）を明示していますか	現場		
	・仮置きのルールを定めて実施していますか	ルール		
	・修理品や不良品なども置き場所を決めていますか	ルール		
機械設備その周辺	・機械設備の周辺は、いつもきれいな状態を保つようにしていますか	聞取り		
	・機械設備の上や下、裏面などに物が置かれていませんか	聞取り		
	・機械設備の操作ボタンなどの表示は分かりやすく、かつ、きれいに保たれていますか	現場		
	・機械設備の点検、調整等の作業中も整理・整頓を進めていますか	聞取り		
電気設備その周辺	・常設・仮設のものを問わず、コード類をカバーしていますか	現場		
	・コンセント・プラグ周りのほこりは除去していますか	聞取り		
	・配電盤等電気設備周辺は作業中も含め整理・整頓していますか	聞取り		
	・配電盤等電気設備の作業は、作業中であることや中身（高電圧など）について、分かりやすく表示していますか	聞取り		
危険物	・ボンベ類は専用の置き場所に置き、転倒防止措置を施していますか	現場		
	・薬品類は専用の保管棚などで安全に保管していますか	現場		
	・薬品類は内容物が分かるように表示等がされていますか	現場		
	・局所排気装置の稼働や清掃の励行などにより、粉じんを除去していますか	現場		
物の置き方	・すべての物について置き場所を決めて明示していますか	現場		
	・すぐに使うものほど取り出しやすく、しまいやすくしていますか	聞取り		
	・円筒状や小物類など形状に合った保管をしていますか	聞取り		
保護具	・直射日光が当たらない、適切な温湿度の場所に保管していますか	現場		
	・使用前後に点検して、損傷や劣化、使用期限済みのものなどがないか確認していますか	記録		
	・汚れは使用後等にすぐにふき取るようにしていますか	聞取り		
汚れを持ち込まない	・靴の汚れなどを落としてから、工場内等に入るようにしていますか	聞取り		
	・特に、ほこりを嫌う場所では、体に付いたほこりをよく落としてから入るとともに、マスクや帽子などを着用していますか	聞取り		

評価方法：○…できている（ある）、×…できていない（ない）

コメント・所見：

※ 61 頁の「チェックリストのポイント」も参照のこと

4Sプラス1s
〜職場改善・リスク発見力アップの実践書〜

平成28年2月29日　第1版第1刷発行

編　者	中央労働災害防止協会
発行者	阿部研二
発行所	中央労働災害防止協会
	東京都港区芝5丁目35番1号
	〒108-0014
	電話　販売　03（3452）6401
	編集　03（3452）6209
イラスト	佐藤　正
デザイン	デザイン・コンドウ
印刷・製本	（株）丸井工文社

落丁・乱丁本はお取替えします。Ⓒ JISHA 2016
ISBN978-4-8059-1663-6　C3060
中災防ホームページ　http://www.jisha.or.jp/

本書の内容は著作権法によって保護されています。
本書の全部または一部を複写（コピー）、複製、転載すること
（電子媒体への加工を含む）を禁じます。